Reiki

Libere sus poderes curativos a través de la palma de la mano desvelando los secretos y símbolos del Reiki según sus enseñanzas originales

© Copyright 2022

Todos los derechos reservados. Ninguna parte de este libro puede ser reproducida de ninguna forma sin el permiso escrito del autor. Los revisores pueden citar breves pasajes en las reseñas.

Descargo de responsabilidad: Ninguna parte de esta publicación puede ser reproducida o transmitida de ninguna forma o por ningún medio, mecánico o electrónico, incluyendo fotocopias o grabaciones, o por ningún sistema de almacenamiento y recuperación de información, o transmitida por correo electrónico sin permiso escrito del editor.

Si bien se ha hecho todo lo posible por verificar la información proporcionada en esta publicación, ni el autor ni el editor asumen responsabilidad alguna por los errores, omisiones o interpretaciones contrarias al tema aquí tratado.

Este libro es solo para fines de entretenimiento. Las opiniones expresadas son únicamente las del autor y no deben tomarse como instrucciones u órdenes de expertos. El lector es responsable de sus propias acciones.

La adhesión a todas las leyes y regulaciones aplicables, incluyendo las leyes internacionales, federales, estatales y locales que rigen la concesión de licencias profesionales, las prácticas comerciales, la publicidad y todos los demás aspectos de la realización de negocios en los EE. UU., Canadá, Reino Unido o cualquier otra jurisdicción es responsabilidad exclusiva del comprador o del lector.

Ni el autor ni el editor asumen responsabilidad alguna en nombre del comprador o lector de estos materiales. Cualquier desaire percibido de cualquier individuo u organización es puramente involuntario.

Índice

INTRODUCCIÓN 1
CAPÍTULO 1: LOS ORÍGENES DEL REIKI USUI 3
CAPÍTULO 2: CÓMO SE ENSEÑA Y PRACTICA EL REIKI USUI 11
CAPÍTULO 3: REIKI TRADICIONAL VS. NO TRADICIONAL 22
CAPÍTULO 4: CÓMO FUNCIONAN LA ENERGÍA Y EL REIKI 35
CAPÍTULO 5: CÓMO EMPEZAR: SU CAJA DE HERRAMIENTAS
 DE REIKI 48
CAPÍTULO 6: LOS PRINCIPIOS DEL REIKI 63
CAPÍTULO 7: MEDITACIÓN Y TRABAJO ENERGÉTICO BÁSICO 75
CAPÍTULO 8: ACTIVACIÓN DEL REIKI Y LA AUTOSANACIÓN 90
CAPÍTULO 9: PREPARACIÓN PARA TRATAR A OTROS 99
CAPÍTULO 10: PREPARACIÓN PARA EL SEGUNDO NIVEL 110
CAPÍTULO 11: SÍMBOLOS DEL NIVEL DOS Y ACTIVACIÓN 120
CAPÍTULO 12: TÉCNICAS DE CURACIÓN DE SEGUNDO NIVEL 128
CAPÍTULO 13: CURACIÓN A DISTANCIA 138
CAPÍTULO 14: CHAKRAS, PÉNDULOS Y CRISTALES EN EL
REIKI 149
CAPÍTULO 15: PREPARACIÓN PARA EL TERCER NIVEL 157
ÍNDICE DE TÉRMINOS 168
CAPÍTULO EXTRA - CONSEJOS PARA MANIFESTAR Y CREAR
UN NEGOCIO DE REIKI EXITOSO 179
CONCLUSIÓN 182
VEA MÁS LIBROS ESCRITOS POR SILVIA HILL 184
REFERENCIAS 185

Introducción

Si alguna vez ha oído hablar de formas alternativas de curación, seguro que ha oído hablar del *Reiki*. Originario del Lejano Oriente, el Reiki es un tratamiento no invasivo que se utiliza para tratar una serie de problemas médicos y físicos. Aunque no es un tratamiento completo, y al igual que muchas otras alternativas y curaciones holísticas, necesita ser utilizado junto con la atención médica formal para obtener los mejores resultados. Lo mejor del Reiki es que se puede aplicar de varias maneras para una serie de problemas. Utilícelo como ayuda para sus propios problemas o para tratar a otras personas. Hay diferentes niveles de competencia y varias maneras de progresar a través de las diferentes etapas de experiencia, como con cualquier habilidad. En el ecosistema del Reiki, estos se identifican como tres pasos principales: nivel de competencia de primer grado, segundo grado y Maestro. Aunque la mayoría de los conceptos e incluso las técnicas siguen siendo las mismas, la forma de aplicar la competencia cambiará estos conceptos.

Esto requiere bastantes conocimientos para llevarlo a cabo correctamente y mucho tiempo para perfeccionar todas las técnicas. Al sanar con Reiki, usted canaliza su energía, conocida como fuerza vital, hacia las personas que necesitan tratamiento y atrae la energía del universo para ayudar a tratarse a sí mismo y a otros. Cada persona tiene una fuerza diferente y una comprensión distinta de esta fuerza vital y se relaciona con esta energía de diversas maneras.

Con el tiempo, el Reiki evolucionó en muchas subcategorías y escuelas de pensamiento con respecto a principios del siglo XX, cuando el Reiki estaba recuperando su popularidad en el Lejano Oriente.

Este libro profundiza en cada parte del Reiki en detalle. Cubre los orígenes de la práctica, cómo se ha desarrollado, las diversas formas que adopta, cómo se utiliza, las herramientas y cómo se puede aprovechar al máximo esta práctica para su beneficio y el de los demás. Como el trasfondo del Reiki es un poco metafísico e incluso espiritual, muchas personas creen que necesitan estar bajo la supervisión de un guía o asistir a una escuela específica para aprender este arte. Estar en un ambiente formal para aprender Reiki es sin duda ventajoso, pero no es la única manera. Con la información detallada que contiene este manual, puede desarrollar una comprensión completa de lo que es este arte de curación y empezar a practicarlo en usted mismo, en sus amigos y en su familia.

Con la información que cubrimos en este libro, podrá impactar notablemente en su vida e incluso utilizar este conocimiento en otras áreas de su vida. Le dará un mejor control sobre su mente, una mejor comprensión de su salud y una perspectiva muy diferente del bienestar. Si está listo para hacer un cambio positivo en su vida, este es el lugar para comenzar.

Capítulo 1: Los orígenes del Reiki Usui

No se puede empezar a entender el Reiki y sus orígenes sin familiarizarse primero con Mikao Usui, el principal instigador y "descubridor" de esta práctica. Usui es considerado el padre de esta práctica espiritual. Se ha extendido su uso como terapia alternativa para una gran cantidad de enfermedades físicas, emocionales y mentales. Durante su vida, Usui trabajó duro para llevar las enseñanzas del Reiki a más de dos mil personas, y la religión ha crecido considerablemente desde entonces. Este capítulo detallará la historia de este hombre, cómo llegó a descubrir el Reiki, y las formas en que el arte de la curación se transmitió de Japón a los Estados Unidos de América durante algunas décadas.

Una historia complicada

La biografía de Mikao Usui está rodeada de misterio. Falleció hace aproximadamente cien años, y solo unos pocos registros han documentado su vida. Por lo tanto, han surgido bastantes mitos para ayudar a rellenar las lagunas, y las líneas entre la realidad y la ficción se han difuminado. Sin embargo, algunos historiadores han realizado un amplio trabajo de investigación y han intentado reconstruir los elementos fundamentales de su historia. Aquí se esclarece parte de esa historia.

Para empezar con los hechos concretos registrados, Usui nació el 15 de agosto de 1865 en la región japonesa de Yamagata. La zona destaca por estar en la región más septentrional de Japón, anclada por el castillo de Yamagata en su centro y famosa por las flores de cerezo de primavera en el parque Kajo que la rodea. El monte Hakusan y el complejo del templo de Yamadera se encuentran en el lado noreste de la ciudad. En este ámbito sereno y excepcionalmente espiritual, Usui comenzó los primeros años de su vida. Nació en el seno de una familia de budistas tradicionalistas que vivió en esta zona durante once generaciones.

De joven, con unos cuatro años de edad, Usui fue enviado a un monasterio budista local que estaba muy en consonancia con la tradición local. Durante el tiempo que estudió en el monasterio budista, Usui se interesó por muchas cosas, como la psicología, la medicina y las diferentes religiones del mundo. Fueron años formativos para él, que configuraron gran parte de su visión del mundo y profundizaron en su práctica espiritual de un modo que le serviría de apoyo para los turbulentos tiempos que se avecinaban.

El siglo XX marcó el comienzo de considerables problemas para Japón, y las guerras que se avecinaban tendrían un enorme impacto no solo en el país, sino también en todo el mundo. Japón pasó por décadas de profundo aislamiento del resto del mundo debido a los trastornos políticos y económicos. Sin embargo, según los escasos registros que tenemos de la vida de Usui, este consiguió viajar fuera de Japón justo antes de que el periodo de aislamiento se estableciera por completo. Viajó a Europa, América del Norte y China, lo que le permitió conocer mejor varias culturas y civilizaciones occidentales y orientales. Esta experiencia le serviría para desarrollar el Reiki.

Lo que hizo Usui en su juventud (aparte de sus viajes) es un poco turbio, sobre todo en el periodo en el que la agitación se apoderó de gran parte de la sociedad japonesa. Según lo que sabemos con certeza, Usui decidió cursar estudios superiores. Supuestamente, llegó a dominar el inglés, el chino y el sánscrito, al tiempo que cursaba estudios de filosofía, medicina occidental y teología. Incluso se dice que se doctoró en literatura japonesa.

En cuanto a cómo se ganaba la vida, tenía mucho en común con la mayoría de las personas que trabajan duro y tienen que desempeñar varios oficios en la economía actual. Varias anécdotas - la mayoría verificadas - afirman que trabajó como secretario privado, misionero, oficinista, director de correos, etc. No fue del todo un ermitaño más allá de su vocación espiritual y su vida cotidiana. Se casó con Sadako Suzuki y fue padre de Fuji y Toshiko.

Dado que acabó siendo padre, puede parecer extraño que no sepamos mucho sobre Usui. Desgraciadamente, sus descendientes han sido muy reacios a compartir cualquier detalle sobre su vida. O algunos familiares proclaman saber tanto como nosotros, es decir, muy poco. Sin embargo, Usui no fue una figura mítica, sino un ser humano de carne y hueso con una vida rica y polifacética. Sin embargo, la principal razón por la que no sabemos mucho sobre él, además del esbozo biográfico básico, se debe a los muchísimos registros públicos que se destruyeron tras la Segunda Guerra Mundial. Eso incluso profundizó la sensación de trauma generacional, haciendo excepcionalmente difícil encontrar más información sobre cualquier persona que viviera en este periodo en particular. Además, Usui no buscaba la atención de los medios de comunicación y más bien la rehuía considerablemente, centrándose en cambio en el cultivo de su práctica espiritual.

Comienzan las enseñanzas

Las notas biográficas anteriores son, por supuesto, bastante superficiales teniendo en cuenta lo que sabemos. Sin embargo, no hemos mencionado el legado de Usui como maestro. De nuevo, las pruebas concretas de su vida y obra son un poco escasas, pero hay más detalles sobre su vida como maestro, que ayudan a dilucidar detalles clave sobre los orígenes del Reiki.

La primera evidencia documentada de las enseñanzas de Usui está inscrita en una piedra conmemorativa, que describe su período de ayuno en el monte Kurama, cerca de Kioto, durante el cual experimentó un "gran Reiki". Concretamente, lo experimentó alrededor de su cabeza, como una especie de descarga en el centro, que le permitió alcanzar el Reiki Ryoho, un método de curación particular. Poco después, Usui continuó experimentando con el método en sí mismo y en su familia y logró mucho éxito. Esto le llevó a abrir un dojo o sala de entrenamiento en Aoyama, Harajuku, Tokio, en abril de 1922, donde enseñaba y ofrecía sesiones de curación para diversas dolencias. Con el tiempo, Usui se hizo tan popular que la gente viajaba grandes distancias para experimentar su guía y curación. El monumento de piedra señala el ascenso de Usui en el que a menudo se formaba una larga cola de gente esperando con ansias para experimentar los efectos de sus enseñanzas.

El camino hacia la fama

El roce con la fama de Usui no hizo más que crecer a lo largo de la década de 1920. En septiembre de 1923, un terrible terremoto devastó el distrito de Kanto. La crisis subsiguiente se vio agravada por los grandes incendios que se produjeron en las estufas hibachi de leña destruidas por el seísmo. Las catástrofes naturales trastornaron la vida de muchos heridos y desamparados, y Usui llevó a algunos de sus alumnos a ayudar a las personas que sufrían y necesitaban encontrar consuelo o alivio en medio de la locura.

Debido a su trabajo de caridad ofreciendo curación a tantas personas cuyas vidas se vieron afectadas por el terremoto y los incendios, el nombre de Usui se hizo más conocido. Se trasladó a un edificio más grande en la provincia de Nakano, a las afueras de Tokio, para acomodar mejor su trabajo y sus enseñanzas. En 1925, unos oficiales de la marina le visitaron. Esta ocasión subrepticia supuso una gran ayuda para difundir su fama a lo largo y ancho, convirtiendo el Reiki en la renombrada práctica espiritual que conocemos hoy.

Entre el grupo de oficiales navales se encontraban Chujiro Hayashi y Hawayo Takata, dos individuos que se dedicaron a Usui y gran parte de su vida a estudiar y dominar el Reiki. Conocieron a Usui en el edificio Nakano y comenzaron sus estudios. Las clases de Usui se hicieron muy populares entre las fuerzas armadas, especialmente la Marina Imperial. Siempre buscaban una curación tradicional que requiriera un mínimo de cosas, ya que no podían acumular equipos o medicamentos en un barco donde el espacio era siempre escaso.

Los métodos de Usui se estaban volviendo tan populares que se le pidió que enseñara por todo el país, viajando a lo largo y ancho para llevar el Reiki a aquellos que realmente lo necesitaban. Sin embargo, a pesar de su creciente popularidad, Usui y sus métodos siguieron siendo una práctica de nicho y no fueron conocidos en el país hasta mucho después. A menudo, quienes practicaban o asistían a sus sesiones después de la Segunda Guerra Mundial lo hacían en secreto debido a sus conexiones militares. O bien, vivían en pueblos aislados, lejos de las principales ciudades. Debido a este aislamiento, Usui y quizás algunos de sus discípulos sabían que Hayashi o Takata estaban traduciendo sus enseñanzas en Estados Unidos, Canadá e incluso el Caribe. Podría decirse que es a través de ambos individuos que la práctica del Reiki pronto ganó un seguimiento más internacional.

Chujiro Hayashi

Hayashi está considerado como uno de los discípulos más importantes de Usui, y su trabajo para hacer que el Reiki fuese más conocido en otros países resultó ser muy valioso. Hayashi recibió el título de segundo Gran Maestro de Reiki en la historia del mundo, por lo que su legado es bastante considerable.

Hayashi nació en 1880 y trabajó como médico naval durante años. La primera vez que se cruzó con Usui fue cuando lo contrató para tratar a sus padres con Reiki, y para entonces, la práctica estaba empezando a ganar adeptos entre la comunidad naval. Quedó tan impresionado con lo que vio que Hayashi decidió estudiar con Usui en 1925. Con el tiempo, Hayashi abrió su propia sucursal, el Hayashi Reiki Kenkyu-Jai, en Tokio, incluso cuando Usui aún vivía, porque temía que las enseñanzas desaparecieran sin la documentación adecuada con la avanzada edad de su maestro. Por lo tanto, el centro de Hayashi mantuvo vivas las enseñanzas de Usui y difundió el conocimiento con otros.

A menudo se atribuye a Hayashi el mérito de haber transformado el Reiki en una práctica menos mística, centrándose más bien en su carácter físico. Además, desempeñó un papel importante en llevar el Reiki a otros países en lugar de mantenerlo confinado en Japón. Un aspecto de su trabajo que ayudó a expandir los principios centrales del Reiki es que Hayashi mantenía registros de todos sus clientes y sus condiciones, incluyendo planes de tratamiento detallados para documentar qué aspectos del Reiki les aliviaban. Creó sus tratamientos curativos basándose en este trabajo, que culminó con la publicación de un manual en el que se detallan los principales ejercicios del sistema de Reiki de Hayashi. Antes de que se publicara oficialmente en 2003, esta guía fue ampliamente compartida como parte de una prensa clandestina durante décadas. Sin embargo, a pesar de sus orígenes más clandestinos, el documento contribuyó de forma significativa a acercar la práctica a muchos otros.

En esencia, Hiyashi desarrolló un proceso de sintonización y un método de enseñanza más eficaces, incluyendo la enseñanza de Shoden (Nivel 1) y Okuden (Nivel 2) conjuntamente en un único seminario de cinco días. Este modo de enseñanza resultaría ser notablemente influyente y continuaría dando forma y transformando la práctica de Reiki durante décadas.

La vida de Hiyashi tuvo un trágico final en la década de 1940. Había viajado a Hawái y pasado varios meses tratando a clientes y dando clases con Hawayo Takata, en la cúspide del desastre de Pearl Harbor. Aunque los detalles exactos no están claros, es posible que el gobierno japonés se pusiera en contacto con Hayashi para espiar a sus vecinos estadounidenses. Dado que era una figura bastante conservadora, se sintió dividido entre traicionar a su nuevo país de residencia o decir que no a su emperador, lo que también sería una situación imposible para Hayashi. La situación le resultaba imposible, y siendo alguien inmensamente ligado a la tradición, decidió que la única opción concebible sería quitarse la vida. El 11 de mayo de 1940, Hayashi se cortó las venas, para horror y conmoción de sus alumnos.

Hawayo Takata

Aunque pocos podrían igualar el legado duradero dejado por Hayashi en el Reiki, Hawayo Takata dejó una marca indeleble y se le encargó la tarea de llevar estas importantes enseñanzas mucho después del desafortunado fallecimiento de Hiyashi. Takata nació en la isla de Kauai, Hawái, el 24 de diciembre de 1900, de padres japoneses. Hasta 1930, Takata vivió una vida bastante copiosa y quizá sin sobresaltos, trabajando, contrayendo matrimonio y dando a luz a dos hijos. Sin embargo, con la repentina muerte de su joven marido en 1930, se vio obligada a buscar formas de mantenerse a sí misma y a sus hijos. Comenzó a sufrir fuertes dolores abdominales y una enfermedad pulmonar crónica debido a las constantes y debilitantes condiciones de trabajo que tuvo que soportar.

La presión era tan severa que, desesperada, viajó a Japón para visitar a sus padres y quizás distanciarse de la confusión. Allí pasó por la clínica de Hayashi y empezó a recibir tratamientos de Reiki, que le cambiaron la vida. Al notar una notable mejoría en su calidad de vida, Takata se aficionó cada vez más a la práctica y, tras cuatro meses de tratamientos dos veces al día, se curó por completo.

Convertida en una verdadera creyente de la eficacia del Reiki, Takata tomó clases con Hayashi para dominar sus habilidades centrales. En 1938, alcanzó el rango de Maestra de Reiki. Decidió establecer una clínica de Reiki en Hawái, un movimiento vital, que la convirtió en una figura increíblemente importante en la difusión del Reiki por el resto del mundo.

Al tomar las riendas de Hiyashi, Takata se esforzó por simplificar la práctica y hacer que sus principios centrales fueran más accesibles para un público más amplio. Su visión del Reiki se centró en los tratamientos y técnicas que consideraba más eficaces, y la popularidad del Reiki en Hawái despegó principalmente gracias a sus esfuerzos. Takata fue crucial en la iniciación de más de veintidós Maestros de Reiki para una tercera generación. Consiguió mantener viva la práctica durante una época increíblemente difícil, con el inicio de la guerra y sus consecuencias, cuando el sentimiento antiasiático había alcanzado su punto álgido. Gracias a sus esfuerzos, la práctica acabó traspasando las fronteras de Hawái, dándose a conocer en el continente de los Estados Unidos y convirtiéndose en el monstruo que es actualmente.

El Reiki sobrevive

Se necesitó a Hayashi y a Takata para que la práctica espiritual del Reiki siguiera sobreviviendo, a pesar de la tremenda agitación política que asoló esa primera mitad del siglo XX. Al conocer y practicar el Reiki, también estamos elevando una parte importante del patrimonio cultural, que debería permanecer con nosotros durante muchos años.

Capítulo 2: Cómo se enseña y practica el Reiki Usui

Tanto si desea practicar el Reiki Usui en otras personas como si simplemente lo utiliza para mejorar su salud, puede aportarle numerosos beneficios a largo plazo. Practicarlo en grupo promueve la unión a través de la energía espiritual y ayuda a los practicantes individuales a crear hábitos de vida más saludables al fortalecer sus cuerpos y su mente. Sin embargo, antes de iniciar su viaje, debe aprender algunas cosas sobre esta tradición milenaria.

Aunque hay mucha información precisa sobre las enseñanzas del Reiki, también hay algunos conceptos erróneos sobre cómo se lleva a cabo el entrenamiento del Reiki. Uno de los mayores mitos es que el Reiki es una religión iniciada por un monje cristiano llamado Mikao Usui, y que permite a los "seguidores" buscar a su guía espiritual. El Reiki se basa en la manipulación de la energía espiritual, pero no implica llegar a otros con la propia energía. Uno de los principios fundamentales de esta práctica es que el practicante no tiene que regalar su energía. Simplemente tiene que saber cómo elevar la energía de la persona sobre la que está practicando. Otra cosa crucial a tener en cuenta es que el Reiki no se basa en habilidades intelectuales adquiridas en un aula. Puede aprenderlo en libros, pero nunca lo dominará completamente hasta que reciba lecciones de un Maestro de Reiki experimentado.

Los tres grados del Reiki

Ahora que ha visto cómo *no* se enseña el Reiki, es hora de que aprenda cómo se *puede dominar*. El dominio del Reiki se adquiere a través de tres niveles de aprendizaje establecidos por el Sensei Usui. Cada nivel tiene una etapa inicial de aprendizaje, tras la cual se anima a los alumnos a desarrollar las habilidades escuchando su intuición y manipulando su energía. El primer grado está disponible para cualquier persona, independientemente de su origen espiritual o religioso. Los dos siguientes se suelen recomendar a quienes ya dominan el primer grado.

Primer grado (Shoden)

A través del primer grado, los estudiantes son introducidos a la energía del Reiki y a cómo abrazarla de por vida. El Shoden tiene la duración más corta de los tres, aunque el tiempo de aprendizaje depende en gran medida de la voluntad de cada uno de adoptar las enseñanzas. Empiezan con lecciones para curarse a sí mismos a través del Reiki y continúan con instrucciones para compartir la energía con otros. Suele implicar la práctica con compañeros, amigos y familiares, para lo que el primer nivel solo les capacita. Durante el primer grado, los estudiantes recibirán cuatro sintonizaciones por parte del Maestro, lo que les permitirá obtener un mejor control sobre el Reiki en ellos mismos y en los demás. En esta época, los estudiantes también son introducidos a los

Preceptos, por los cuales deben vivir para atraer la energía.

Los estudiantes son introducidos a los chakras - los centros de energía del cuerpo. Los chakras tienen un papel importante en el proceso de curación, por lo que los estudiantes necesitan aprender sobre ellos desde el principio. A los estudiantes se les muestran algunos ejercicios básicos de colocación de manos para canalizar el Reiki a estos puntos de los chakras. Se les anima a practicar con amigos y familiares durante unos días, informando de sus progresos a su Maestro. Estas prácticas pueden realizarse como una sesión completa para ayudar con problemas crónicos. O pueden realizarse como una sesión resumida para ayudar en situaciones agudas.

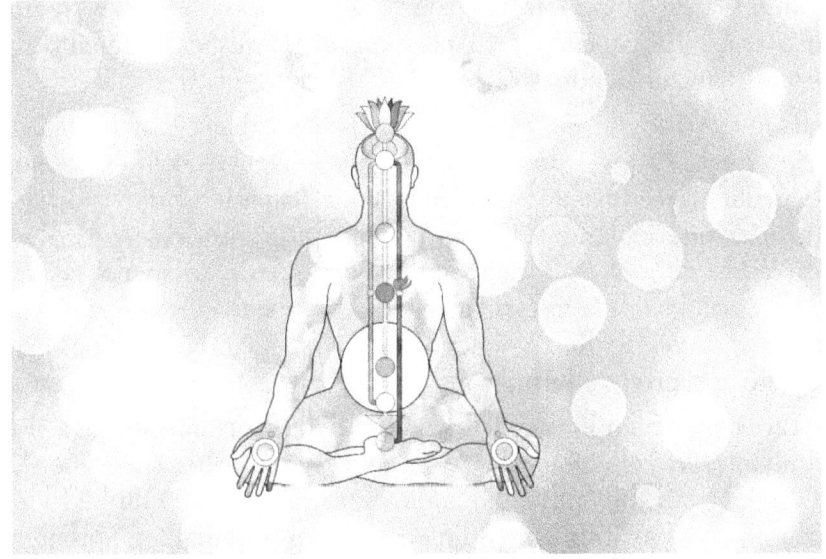

Otra lección importante que los alumnos aprenden durante el primer grado es la atención plena. Esta práctica es fundamental para el desarrollo posterior de los estudiantes, tanto si quieren pasar a los siguientes niveles como si simplemente adoptan más de los cambios positivos que se les enseñaron en este. Después de unos pocos días, los estudiantes pueden sanar con confianza al menos una parte de sí mismos, y con la práctica, sanarán sus vidas y ayudarán a otros. Si desean aprender más después de practicar el primer grado durante al menos tres meses, los estudiantes pueden pasar al siguiente grado.

Segundo Grado (Okuden)

Mientras que los practicantes tendrán todos los niveles de entrenamiento, Okuden es a menudo considerado el primer nivel de practicante porque, durante este grado, los estudiantes aprenden a reemplazar la táctica de colocación de la mano con la manipulación de la energía mental. Después de recibir dos sintonizaciones más por parte de su Maestro, los estudiantes pueden elevar su vibración a niveles aún más altos. Esto les permite llevar a cabo una curación mucho más profunda en sí mismos y tratar a personas con cuya energía no están familiarizados. Aprenden a profundizar en los chakras y a reconocer las pequeñas diferencias en la energía única de cada persona. De este modo, pueden escanear y curar a las personas que buscan tratamiento sin tocarlas y seguir siendo profesionales.

Como parte de su preparación para establecer una práctica profesional, a los estudiantes de este nivel se les exige que desarrollen la empatía y una excepcional capacidad de escucha y organización, lo que les permite recopilar historiales médicos detallados de sus clientes. Esta práctica va de la mano con la confidencialidad y la integridad - otras dos cualidades cruciales que un practicante de Reiki debe poseer y que también se enseñan durante este nivel de formación.

En este segundo grado de formación, se introduce a los estudiantes en el significado y la aplicación de los símbolos del Reiki. Una vez que aprenden a aumentar su enfoque utilizando los símbolos y a manifestar su intención, los estudiantes aprenden lentamente los beneficios de la curación intuitiva. Esto se basa en el dogma que dice que la energía del Reiki sabe dónde es necesaria, por lo que confiar en la intuición hace que sea más fácil trabajar con ella. La curación a distancia también se basa en este concepto, que se anima a los estudiantes del segundo grado a dominar. Beneficia a todos los que les rodean, tanto si alguien pide ayuda como si no. Adoptar este altruismo permite a los practicantes crecer como seres humanos y estar más sanos espiritual, mental y físicamente.

Tercer grado (Shinpiden)

Este grado permite a los practicantes desarrollar todas las habilidades y experiencia necesarias para convertirse en Maestro de Reiki. La oportunidad se ofrece normalmente solo a los estudiantes más consumados que están dispuestos a invertir todo el tiempo y el esfuerzo necesarios para obtener la sabiduría. También deben dedicar su vida a la enseñanza del Reiki. Esta práctica se perfecciona a través de largas sesiones de entrenamiento con un Maestro, que debe compartir su sabiduría con los demás.

Este grado se suele impartir en dos partes. Durante la primera, los estudiantes se convierten en Maestros de Reiki. La sintonización recibida en este punto equipa al estudiante de Reiki con lo que necesita para convertirse en Maestro; la sintonización más poderosa, que eleva sus vibraciones a niveles de poder sin precedentes y trabaja en el perfeccionamiento de sus habilidades ya existentes.

Se presenta a los estudiantes los símbolos del Maestro y se les anima a utilizarlos en la curación y, posteriormente, en la sintonización de sus alumnos. Los símbolos se utilizarán en combinación con otros ejercicios de atención plena, como la meditación. Al aplicar estas habilidades recién adquiridas, junto con sus intuiciones, en diferentes contextos, el conocimiento intuitivo y la comprensión de la energía del Reiki de un estudiante dedicado mejorarán drásticamente.

La segunda parte de este curso permite a los estudiantes convertirse en Maestros de Reiki. Comienza con la observación de clases de Reiki impartidas por otros maestros para ayudar a los estudiantes a entender los diferentes estilos de aprendizaje y enseñanza. Eventualmente se pedirá a los futuros Maestros que se unan activamente a la clase para desarrollar su estilo de enseñanza.

Algunos consideran que convertirse en Maestro de Reiki es el último paso del desarrollo espiritual, ya que es un oficio que suele llevar muchos años aprender. El título permite un nivel de empoderamiento sin igual y un aumento del crecimiento personal. Además, la mayoría de los Maestros continúan buscando el Reiki para fortalecer sus vidas incluso después de obtener su título. En este nivel, tienen los conocimientos necesarios para profundizar en su experiencia. Aquellos que toman la vocación de convertirse en Maestro de Reiki también pueden compartir esta experiencia positiva con sus estudiantes, creando toda una nueva generación de practicantes de Reiki.

La sintonización de Reiki

El Reiki Usui permite a los estudiantes formar una conexión profunda con una fuente de energía universal. Sin embargo, esto solo es posible de lograr después de recibir las sintonizaciones tradicionales de su Maestro de Reiki. Las sintonizaciones permiten a los estudiantes abrirse y convertirse en un recipiente para la energía de Reiki para moverla hacia ellos mismos y hacia los demás. Aunque es posible aprender todo sobre el Reiki, incluyendo las técnicas de colocación de las manos, hasta que uno no está sintonizado con la energía, no puede practicar este oficio.

Durante el primer grado, los estudiantes se sintonizan con los tres símbolos principales que representan las diferentes facetas del Reiki: el poder, el equilibrio y la curación a distancia. Los estudiantes reciben sintonizaciones con los tres símbolos cuatro veces, cada una de las cuales profundiza la conexión entre la energía y el estudiante. El proceso es similar en las sintonizaciones para el segundo y tercer grado, excepto que los símbolos en cada grado son diferentes. Sin embargo, los símbolos crean una apertura para los caminos energéticos del estudiante a través de todos los niveles.

Según los estudiantes de Reiki, recibir una sintonización es una experiencia increíblemente poderosa, y definitivamente se siente cómo se abren los caminos por el Maestro de Reiki. Permite que la energía fluya por su cuerpo, para manipularla según sus necesidades. También puede sentir cuando el Reiki empieza a sanarle a usted e incluso cuando impacta en la salud de los demás. Las sensaciones físicas y emocionales que uno puede experimentar durante una sintonización varían de un estudiante a otro. Algunos lo describen como una experiencia liberadora, y otros dicen que simplemente sintieron un cosquilleo por todo el cuerpo cuando se abrieron las vías. Algo en lo que todos los practicantes están de acuerdo es que las sintonizaciones potencian la práctica de la sanación. Permitir a los practicantes canalizar la energía a través de vías directas dentro y alrededor de ellos mismos también aumenta la conciencia intuitiva.

No hay una forma predeterminada de prepararse para la sintonización. La forma en que decida recibir esta apertura puede depender de muchos factores, pero todo se reduce a sus preferencias espirituales. El maestro no le exigirá que haga nada para prepararse, pero debe recordar que se trata de un gran regalo. Debe estar preparado para darle un buen uso después de recibirlo, y la práctica espiritual puede ser una gran manera de hacerlo. Conectarse con una práctica espiritual puede aumentar los efectos de la sintonización y permitirle maximizar su poder. También se recomienda hacer una limpieza mente-cuerpo durante 2 o 3 días antes de recibir la sintonía. Pasar tiempo leyendo o meditando en lugar de utilizar la tecnología digital ayuda a despejar la mente de pensamientos y emociones negativas. Evitar los alimentos con alto contenido en azúcar y grasa, el alcohol, la cafeína y el tabaco hará que su cuerpo sea más saludable y tendrá un impacto favorable en su mente. Estará preparado para la transformación espiritual con un profundo efecto en su bienestar general. Significa un compromiso de por vida con el Reiki, que a su vez fluirá por su cuerpo por el resto de su vida sin tener que renovar las sintonizaciones. Una vez que usted domina la capacidad de canalizar y manipular la energía del Reiki, esta permanecerá con usted hasta el día en que deje este mundo.

El linaje del Reiki y la relación alumno-maestro

Una de las principales razones por las que el Reiki ha logrado mantener sus formas tradicionales incluso después de un siglo de práctica es el linaje único de Reiki formado por los maestros y sus alumnos. No es ningún secreto que, si usted quiere aprender Reiki, necesita un Maestro de Reiki calificado para darle las sintonizaciones y enseñarle toda la sabiduría del oficio. Sin embargo, encontrar estos maestros solo es posible a través de otros estudiantes o practicantes de Reiki. Si tiene un amigo que practica Reiki, pregúntele si su maestro está recibiendo estudiantes. Si no conoce a nadie que practique Reiki, pruebe suerte preguntando a los proveedores de otras prácticas curativas, clases de yoga o incluso a los trabajadores de las tiendas de alimentos saludables. Lo más probable es que le recomienden a alguien que enseñe o practique Reiki. Los maestros de Reiki pueden diferir ligeramente en su enfoque del oficio y de la enseñanza. Sin embargo, todos ofrecen oportunidades de tutoría continua para todos los niveles. Esto permite a los estudiantes formar conexiones de por vida con el oficio y su maestro.

El linaje original del Reiki representa una línea ancestral que se remonta al primer Maestro de Reiki Usui Mikao. Él otorgó sintonizaciones a sus estudiantes, quienes, después de aprender diligentemente de él, se convirtieron en Maestros y sintonizaron a sus estudiantes. Finalmente, la tradición ha continuado durante más de 100 años. Los alumnos de Usui adoptaron sus enseñanzas y mantras, pero a medida que su práctica se hizo más personal, todos añadieron su propio "algo" a las enseñanzas tradicionales. Cada practicante tiene una formación y unas experiencias vitales únicas, que dan forma a su práctica, incluso mientras siguen aprendiendo el oficio.

Quizá se pregunte por qué es importante conocer el linaje de los profesores para completar con éxito cualquiera de los títulos. Bueno, para empezar, en las últimas dos décadas, ha habido un aumento en la popularidad de las técnicas de curación alternativas. En consecuencia, también ha aumentado el número de personas que ofrecen enseñanzas o curaciones de Reiki. Desgraciadamente, no todos los que dicen ser Maestros de Reiki están cualificados para transmitir los conocimientos y las sintonizaciones. Aquellos que lo están revelarán abiertamente su linaje completo, que podrá rastrearse hasta Usui. La confirmación de su linaje le dará confianza para recibir la sintonización y establecerá un camino claro para la energía. También le permitirá saber qué métodos utiliza el maestro y determinar si se ajustan a sus creencias. Algunos dan más importancia a la manipulación del sistema energético, mientras que otros hacen hincapié en la importancia de la meditación, lo que significa que incluso su estilo de vida se verá afectado por su elección. Dado que se trata, ante todo, de un viaje de autocuidado, la enseñanza debe coincidir con sus necesidades y preferencias en todos los aspectos. Por estas razones, encontrar un Maestro de Reiki adecuado es fundamental para todos los estudiantes. Afortunadamente, para todos aquellos que reclaman Maestros de Reiki sin titulación, hay un número igual de opciones legítimas que crean diversidad. El hecho de tener maestros con diferentes orígenes y sistemas de creencias significa que los aspirantes a practicantes tienen muchas más posibilidades de encontrar el que les convenga.

En el sentido tradicional, los practicantes de Reiki pueden tener cualquier grado de formación. Los que tienen el primer grado utilizan el Reiki para curarse a sí mismos o para curar a sus seres queridos con cuyas vibraciones están en sintonía. Si practican cualquier otro método de curación tradicional, pueden utilizar la energía del Reiki para potenciar los aspectos de estos métodos. Lo que no pueden hacer es, utilizar el Reiki para fines de curación profesional. Tampoco pueden enseñar el oficio, ya que no conocen los símbolos. Los que han completado el Segundo grado pueden ofrecer Reiki como su método de curación principal. Los símbolos tradicionales y la sintonización adicional que reciben los equipa para convertirse en practicantes profesionales. Los practicantes de nivel dos o de segundo grado ya no son recipientes pasivos que canalizan la energía desde y hacia ellos. Pueden distinguir entre diferentes vibraciones, canalizando la energía donde se necesita.

Mientras que todos los practicantes que completan el tercer grado se convierten en Maestros de Reiki, no todos se convierten en Instructores, algunos no sienten la vocación de dedicar su vida a sus alumnos. Por lo tanto, optan por quedarse solo como Maestros Practicantes. La principal diferencia que separa a los instructores de los practicantes es su capacidad de proporcionar sintonizaciones. Naturalmente, también aprenden lo necesario para enseñar en las diferentes clases, pero la mayor parte de su sabiduría proviene de la experiencia personal. Después de cada sintonización, las vibraciones del estudiante aumentan y el camino hacia su intuición se vuelve más claro. Cuanto más alto sea el nivel de enseñanzas que completen, más amplia será su comprensión del Reiki. Cuando alcanzan el estatus de maestro, los practicantes a menudo desarrollan sus propios conceptos y técnicas basados en sus experiencias como estudiantes.

Por otro lado, ser un Maestro de Reiki no significa necesariamente que alguien sea un practicante más experimentado. Muchos instructores se centran en la formación de los alumnos y en poner su práctica en segundo plano. Aquellos que buscan un Maestro de Reiki a menudo se basan en tener más experiencia como requisito previo, pero también deben mirar de dónde viene dicha experiencia. Entonces, de nuevo, el tipo de instructor que necesita puede depender de sus necesidades y antecedentes. Por ejemplo, los sanadores naturales con el don de ser éticos, empáticos e intuitivos pueden preferir tener un instructor que tenga más experiencia personal. Mientras que aquellos que nunca han trabajado con la energía y no están en sintonía con su intuición pueden necesitar más orientación de un instructor que sepa cómo ayudarles a entender el Reiki a un nivel más profundo.

Tener un maestro mentor de Reiki adecuado es necesario y fundamental en el sistema Usui tradicional. A pesar de las creencias populares, ellos son los únicos que proporcionan sintonizaciones. Aunque este libro ofrece toda la información necesaria para alcanzar la formación de Tercer Grado, no sustituye a un Maestro de Reiki. Este conocimiento puede servir como una herramienta de empoderamiento tanto para los que se inician en el oficio como para los practicantes experimentados. Incluso se puede utilizar cuando se empieza a entrenar como Maestro de Reiki Usui, pero la verdadera sabiduría proviene de maestros experimentados y de todas las sintonizaciones, nada de lo cual puede ofrecer este libro ni nadie más. Tampoco se pueden divulgar los símbolos tradicionales de Reiki, ya que forman parte de una profunda conexión personal con la energía de cada practicante.

Como se ha mencionado, el entrenamiento para convertirse en Maestro de Reiki solo puede hacerse a través de un aprendizaje con un Maestro de Reiki, lo que significa que solo los Maestros de Reiki pueden enseñar esta práctica a otros. No necesariamente tiene que ser amigo de su instructor, pero debe sentirse lo suficientemente cómodo a su alrededor como para dejar que le guíe en este viaje. Esto es muy importante porque, como sucede con todas nuestras metas en la vida, sus objetivos de curación pueden cambiar con el tiempo. Solo un maestro que le comprenda puede ayudarle a ajustar su viaje de Reiki acomodándose a los cambios de su vida. Los libros nunca podrán hacer esto, por muy informativos que sean.

Capítulo 3: Reiki tradicional vs. no tradicional

Hay muchos tipos de Reiki, pero ¿cuál es el adecuado para usted? Este capítulo explorará las diferencias entre los sistemas de Reiki tradicionales y no tradicionales. Veremos la historia de cada sistema y discutiremos los beneficios y desventajas de cada enfoque. Si está considerando convertirse en un practicante de Reiki, es importante entender las diferentes opciones disponibles.

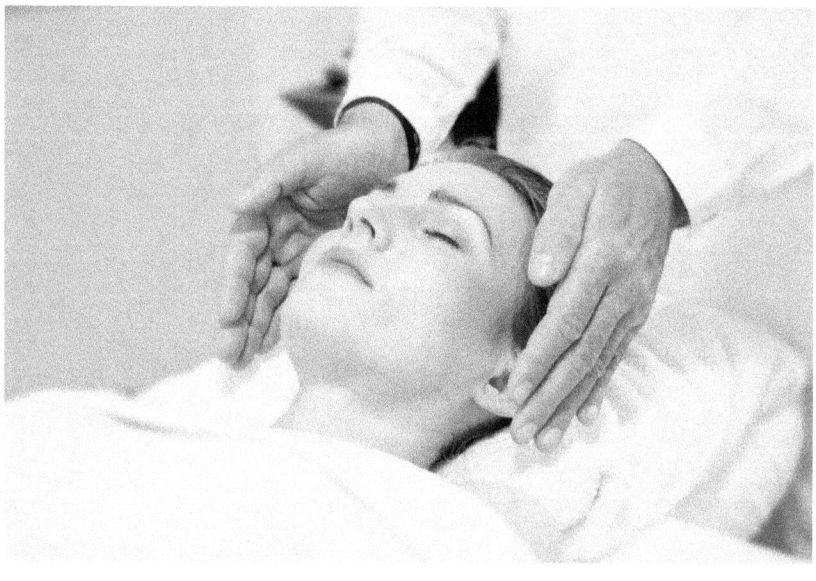

Evolución del sistema tradicional de Reiki

Los orígenes del Reiki se remontan a 1922, cuando el Dr. Mikao Usui comenzó su viaje de descubrimiento para encontrar un método de curación que cualquiera pudiera utilizar, independientemente de su fe u orientación espiritual. Tras años de estudio y práctica, desarrolló el sistema Usui Shiki Ryoho, ampliamente reconocido como el sistema de Reiki tradicional original.

El Dr. Chujiro Hayashi sucedió al Dr. Usui y llevó el Reiki a Japón enseñando a los estudiantes japoneses la forma de utilizarlo para sanar. Luego pasó a establecer la primera clínica de Reiki fiable y de renombre en Tokio. Expandió el Reiki al desarrollar el método tradicional japonés de colocación de manos basado en su destreza médica.

En 1938, la Sra. Hawayo Takata llevó el Reiki a los Estados Unidos, extendiéndose rápidamente. La Sra. Takata fue una de las alumnas del Dr. Hayashi y del Dr. Usui, y trajo el Reiki a Occidente en su forma más auténtica. Estaba muy influenciada por sus raíces japonesas y mantuvo el método tradicional de colocación de manos, enseñando Reiki según los principios de Usui Shiki Ryoho.

El Sistema de Reiki Tradicional ha permanecido relativamente sin cambios desde su creación. Se basa en las enseñanzas originales de Mikao Usui y Chujiro Hayashi, y se fundamenta en gran medida en el uso de la simbología y la terminología japonesas. El método de colocación de manos es sencillo y fácil de aprender, y los principios del Reiki son universales y aplicables a todo el mundo.

Escuelas de Reiki

Hay muchas escuelas de Reiki diferentes, y cada una tiene su propio enfoque de la enseñanza y la práctica. Algunas escuelas se centran en los aspectos espirituales del Reiki, mientras que otras hacen hincapié en los beneficios curativos. También hay varios métodos para recibir sintonizaciones, lo que puede ser un poco confuso para los principiantes.

El sistema de Reiki tradicional de las enseñanzas de Mikao Usui y Chujiro Hayashi es un sistema sencillo y fácil de aprender, basado en el simbolismo y la terminología japoneses. El método de colocación de las manos es fácil de recordar, y los principios del Reiki son universales y aplicables a todo el mundo.

El Reiki tradicional empezó a influir en muchas prácticas de Reiki diferentes; el Reiki Angélico, el Reiki Karuna y el Reiki Seichim son los sistemas más conocidos. Estos sistemas ofrecen su enfoque único para la curación y el crecimiento espiritual.

Principios de los sistemas tradicionales del Reiki Usui

Los principios del Reiki Tradicional de Usui son simples, pero también son poderosos. Sirven de guía para vivir una vida equilibrada y armoniosa.

Hay cuatro aspectos y nueve elementos del sistema de Reiki Usui Tradicional, que son los siguientes:

Los cuatro aspectos

1. Práctica curativa

El Reiki utiliza la energía del universo para promover la curación y el equilibrio en el receptor y el practicante.

2. Desarrollo personal

El Reiki nos ayuda a desarrollar nuestro potencial y a convertirnos en personas más compasivas y pacíficas.

Al estudiante se le dan opciones en la vida. Estas elecciones se basan en principios y creencias que el estudiante ha aprendido con el tiempo. A veces, estos principios y creencias son desafiados porque pueden no ser útiles para los objetivos del estudiante. Estos desafíos ayudan al desarrollo personal general del estudiante de Reiki.

3. Disciplina espiritual

La práctica regular de Reiki le ayuda a conectarse con su espíritu. Esto puede hacer que algunos estudiantes vean el Reiki como una práctica espiritual y ayude a alcanzar la disciplina espiritual.

4. Orden místico

Una Orden Mística es cuando el sistema de Reiki tiene cualidades y connotaciones espirituales particulares que no se encuentran en otras modalidades de curación.

Nueve elementos

1. La tradición oral

La tradición oral es la transmisión de enseñanzas de una generación a la siguiente utilizando la palabra hablada. Incluye la enseñanza formal de Reiki y el intercambio informal de conocimientos entre los practicantes.

2. El linaje espiritual del Reiki

El linaje indica quién enseñó Reiki a quién, remontándose hasta Mikao Usui. El linaje es un registro de la autenticidad del Reiki y ayuda a mantener la integridad del sistema. Los registros históricos trazan el linaje espiritual de Reiki hasta Phyllis Lei Furumoto, Chujiro Hayashi, Hawayo Takata y Mikao Usui.

3. Historia

La historia del Reiki se transmite de maestro a alumno a través de la tradición oral. Es la historia de cómo surgió el Reiki y cómo cada portador del linaje lo ha transmitido. Cada portador manifestó la energía de Reiki de manera diferente, y la historia se centra más en esa manifestación en sí misma que en la persona que está detrás de ella.

4. Iniciación

Se realiza un rito sagrado y clasificado y, en ese sentido, se transmite de un Maestro a otro. Los Maestros utilizan este ritual para introducir a los estudiantes en la energía del Reiki, así como para descifrar la práctica específica que requieren para su propia iniciación.

5. Símbolos

Una práctica distinta acompaña a los tres símbolos que se enseñan en las sesiones de segundo grado. Estos símbolos funcionan como llaves energéticas que abren el reino no físico. Esta parte del ejercicio prepara al estudiante para una mayor gama de opciones de vida y una visión más amplia del universo en general.

6. Tratamiento

Mantener posiciones de la mano en un tiempo y orden específicos se considera una forma de trato formal. El tratamiento informal, por otro lado, es cualquier posición de manos acordada que se haya formado con la otra persona; este tratamiento puede mantenerse durante el tiempo que ambos quieran. El tratamiento de primer grado es sobre el cuerpo físico, y el tratamiento de segundo grado puede ser sobre el cuerpo o fuera del cuerpo usando símbolos de Reiki.

7. Forma de enseñanza

El Reiki se enseña a través de clases de primer y segundo grado.

8. Intercambio monetario

Maestro de Reiki suele cobrar por los conocimientos que comparte.

9. Preceptos de Reiki

Los preceptos de Reiki están diseñados para provocar preguntas en el estudiante. Requieren la mente y los cuerpos espirituales para que una persona se vuelva completa.

Sistemas de Reiki no tradicionales

Hoy en día se enseñan muchos sistemas de Reiki no tradicionales. Algunos de estos sistemas han existido durante mucho tiempo, y otros son de reciente creación.

La mayoría de estos sistemas se han desviado de las enseñanzas tradicionales de alguna manera. Algunas de estas desviaciones pueden ser útiles, y otras no.

Sin embargo, es esencial recordar que los preceptos del Reiki han mantenido el sistema intacto y sin cambios durante siglos. Cuando un estudiante elige estudiar uno de estos sistemas no tradicionales, también elige aceptar toda la desviación del sistema tradicional.

La razón es que el linaje de un Maestro de Reiki tiene el poder espiritual y la autoridad para enseñar Reiki en su forma pura. Si elige estudiar con alguien que se ha desviado de las enseñanzas tradicionales, también acepta todas sus desviaciones.

Como resultado, al aprender cualquier método de Reiki no convencional, es crítico que investigue exhaustivamente y entienda dónde y cuándo se originaron estos principios, así como la forma en que se desarrollaron para llegar a usted.

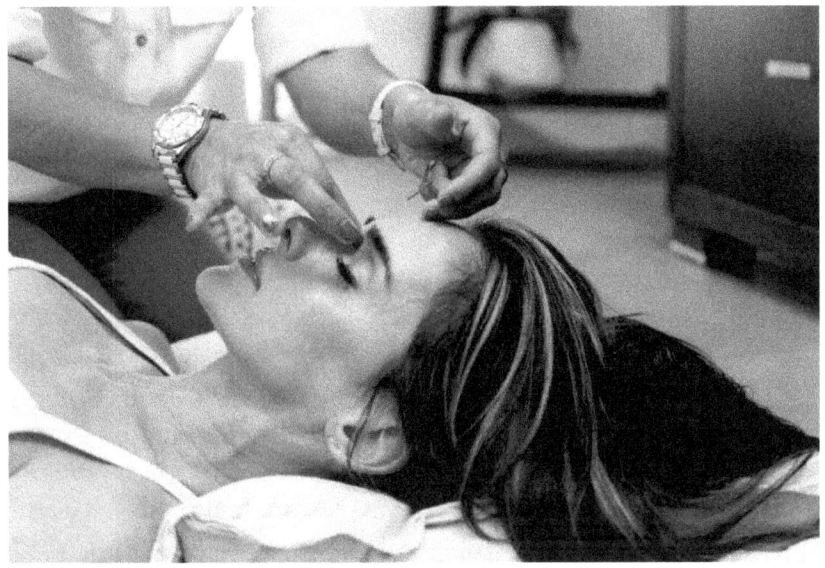

Reiki Karuna

El Reiki Karuna fue introducido al mundo en 1995 por William Rand. Es un sistema de curación que utiliza la energía de la compasión para ayudar a sanar el dolor emocional y espiritual.

El Reiki Karuna se basa en la idea de que todos estamos interconectados, y al abrir nuestros corazones a los demás, creamos un cambio positivo en el mundo.

Este sistema de Reiki tiene muchas meditaciones con ángeles y arcángeles y meditaciones para aprender a perdonarse a uno mismo y a los demás.

Karuna es un término sánscrito que significa "amor inquebrantable", "compasión" y "crecimiento espiritual", entre otras cosas. Como todos estamos relacionados, eso implica que uno siempre debe ayudarse a sí mismo y a los demás. Como todos somos uno, cuando nos ayudamos a nosotros mismos, también queremos ayudar a los demás.

Niveles de Reiki Karuna

Después de familiarizarse adecuadamente con el Reiki Usui, la mayoría de los instructores de Reiki abogan por pasar a los niveles básicos del Reiki Karuna para ayudarle a desarrollarse de una manera más serena y discernida. Tres niveles diferentes componen el Reiki Karuna:

Usted aprenderá cómo conectar con Karuna y algunos símbolos sagrados que le ayudarán en su camino espiritual como principiante. Podrá alcanzar y entender símbolos de vibración aún más alta y sus energías cuando alcance el Nivel Intermedio, una vez que tenga un conocimiento más profundo del primer grado del Reiki Karuna, por supuesto. Todas las meditaciones y el símbolo de la Maestría son accesibles cuando se alcanza el Nivel Maestro de Reiki Karuna. La diferencia entre el Reiki Karuna y el Reiki Usui es que el Reiki Usui Rhoyo tiene un nivel vibratorio más bajo que el Reiki Karuna. Sin embargo, esto no implica que sea superior o más efectivo. William Lee Rand y sus alumnos descubrieron un método totalmente nuevo que es simplemente diferente, al igual que nosotros cambiamos al practicar Reiki y descubrir nuevas formas de hacerlo. El Reiki Karuna es el siguiente paso en el proceso de aprendizaje espiritual.

Reiki Angelical

El Reiki Angelical es una poderosa pero delicada terapia de sanación con las manos que permite que las energías de alta frecuencia interactúen activamente con su cuerpo, ayudando a la limpieza de los problemas físicos, psicológicos, ancestrales y kármicos retenidos en su cuerpo desde encarnaciones anteriores. En el Reiki Usui, el maestro realiza las sintonizaciones con contacto de persona a persona. Sin embargo, en la técnica de curación de Reiki Angelical, las diferentes sintonizaciones del Reino Angélico de la Luz son realizadas por el propio Ángel sanador de cada persona.

Las sintonizaciones duran dos días y medio y son muy poderosas. Es una hermosa experiencia recibir una sintonización. Puede que se sienta abrumado al sentir tanto amor por parte de su Ángel.

Cualquier forma o extensión de la curación solo es producida por el Reino Angélico de la Luz y el ángel sanador. El sanador simplemente mantiene el espacio. No están involucrados en lo que sucede. Cuando alguien se cura, es debido a una conexión con su cuerpo y espíritu con sus propias fuerzas de luz.

Los ángeles saben todo sobre nosotros. Se dan cuenta de nuestra tristeza, preocupación y mentalidad. Entienden el origen de estos problemas, frecuentemente escondidos en lo más profundo de nuestras células. Los ángeles también son conscientes de nuestra frecuencia vibratoria.

Reiki Egipcio o Sekhem-Seichim-Reiki (SSR)

El Seichim es una forma de energía vital distinta del Reiki; su energía promueve el bienestar emocional y mental, así como fomenta y mantiene las conexiones espirituales. El Seichim es un método de curación comparable al Reiki. Actúa sobre nuestros cuerpos superiores para proporcionar equilibrio mental y emocional, pero también puede utilizarse para tratar problemas físicos. El Reiki Seichim es un poderoso sistema de curación que ayuda a limpiar y activar los chakras y los meridianos de energía. También puede ayudar a liberar cualquier creencia negativa o limitante que pueda tener.

Seichim es una forma antigua de Reiki que fue revivida por Patrick Zeigler. El Seichim Reiki tiene muchos niveles diferentes, y se dice que cada uno es más poderoso que el anterior.

El objetivo final del SSR es ayudar al practicante a experimentar un estado alterado de conciencia, permitiéndole conectar con los Maestros ascendidos, los ángeles, los guías espirituales y la Fuente de todo - el amor. Se utiliza para curar heridas o enfermedades desde un punto de vista físico, liberando la energía reprimida atrapada en el cuerpo de una persona.

Sekhem es una palabra egipcia que significa poder o fuerza. Es similar a la palabra india "prana" o "chi" o "ki" utilizada en Oriente. La energía Sekhem tiene que ver con la paz, la unidad, la armonía y el ser uno con el Creador. El Reiki Sekhem ayuda a traer la fuerza vital a los cuerpos físico y sutil. También nos ayuda a ser más conscientes de nuestra naturaleza superior.

Donde termina el Reiki, comienza el Seichim. Seichim es una energía de luz viva multidimensional y un método egipcio de curación.

El Reiki tibetano

El Reiki Tibetano es una forma de Reiki traída a Occidente en 1992 por William Rand. Utiliza símbolos que le fueron dados por monjes tibetanos.

El objetivo del Reiki Tibetano es crear equilibrio y armonía en el cuerpo, la mente y el espíritu. El Reiki Tibetano es una forma muy poderosa de Reiki que ayuda a limpiar la energía negativa y los bloqueos. También ayuda a crear equilibrio y armonía en el cuerpo, la mente y el espíritu.

La Sra. Takata enseñó a Iris Ishikuro, quien enseñó a Arthur Robertson. Arthur Robertson desarrolló el Raku Kai Reiki. Este Reiki tiene los niveles uno, dos, tres (a) y tres (b). Estos niveles todavía existen en el Reiki Usui tibetano, pero utilizan símbolos tibetanos en lugar de solo kanji japoneses.

El sistema tibetano de Reiki afirma que tanto la mente como el cuerpo pueden hacerse uno mediante la aplicación de la técnica Dai Ko Mio; esta enciende la energía Kundalini en el chakra base a través de una llama sagrada, extrayendo posteriormente cualquier energía negativa o contaminada tanto del cuerpo como de la mente.

Reiki Jikiden

El Reiki Jikiden es el Reiki japonés original de Usui, practicado y enseñado a finales de los años 20 y 30 en Japón, sin ninguna influencia o adaptación occidental a las enseñanzas originales.

El sensei Hayashi enseñó al sensei Chiyoko el Jikiden Reiki a mediados y finales de los años 30, y posteriormente se basa en gran medida en sus enseñanzas. Estas enseñanzas vinieron de la madre del sensei Tadao, y él las transmitió a otros. El requisito más importante es que se conserve la tradición y la integridad del Reiki. Las técnicas son sencillas pero completas. La profundidad de las enseñanzas se equilibra bien con la simplicidad de las lecciones. El Gokai recibe mucho crédito por ayudarnos en nuestras vidas y en nuestro crecimiento. El Reiki Jikiden enseña técnicas de Reiki que ya no se utilizan en las escuelas de Reiki occidentales. Hay detalles sobre cómo se empleaba el Reiki en Japón durante la época del sensei Usui y del sensei Hayashi que no se encuentran en otras escuelas de Reiki. Como era el caso en el Japón de los años 20 y 30, con el Jikiden Reiki, todavía hay un fuerte énfasis en el valor de aceptar el Reiju (el procedimiento de limpiar el canal para utilizar la energía Reiki). El Jikiden Reiki proporciona un nivel más amplio de asistencia estructurada y continua a los estudiantes que muchos otros tipos de Reiki. Esta repetición inherente en las enseñanzas le da a uno una comprensión más profunda del Reiki.

El Jikiden Reiki es para personas que desean aprender la verdadera esencia de la cultura japonesa, con lecciones y enseñanzas precisas y muy cercanas a las enseñadas por Usui Mikao.

El Gendai Reiki Ho

El Gendai Reiki Ho fue desarrollado a principios de los años 90 por Hiroshi Doi. Se basa en la idea de que todas las formas de Reiki están conectadas, y cada persona puede desarrollar su estilo único de usar el Reiki.

Gendai Reiki es más que un sistema de curación. Es una forma de vida para ayudarnos a conectar con nuestro yo superior y el universo. El objetivo de Gendai Reiki es ayudarnos a ser más conscientes de nuestra energía y aprender a utilizarla para sanarnos a nosotros mismos y a los demás. Con Gendai Reiki Ho, puede sanar la mente y el cuerpo y mejorar la espiritualidad.

Las cuatro reglas básicas de Gendai Reiki Ho son la resonancia, la transparencia, la practicidad y la simplicidad. Estas reglas tienen por objeto mantener el Reiki basado en la realidad y más fácil de entender y practicar.

Mientras que la resonancia anima a los practicantes a desarrollar una vida sana y feliz, la transparencia elimina cualquier aspecto místico del Reiki y asegura que no se vea como una práctica milagrosa o religiosa.

La Practicidad enseña a la gente las características del Reiki y sus técnicas para entender mejor sus propósitos, y la Simplicidad pide a los practicantes que simplemente sigan las instrucciones de los manuales oficiales. Este enfoque mantiene las cosas simples y agradables para que los practicantes puedan experimentar los efectos del Reiki todos los días.

El Reiki Shamballa

El Sistema Reiki Shamballa, también conocido como Shamballa MDH (curación multidimensional), fue canalizado por el Sr. Armitage, más conocido por su nombre espiritual Hari Das Baba. Se afirma que se le pidió a St. Germain que asistiera al Sr. Armitage en la canalización de este hermoso y complejo sistema.

El Reiki Shamballa amplía el sistema tradicional de Reiki con los conocimientos anteriores a Mikao Usui. La reflexión profunda, así como las lecciones que involucran a seres espirituales elevados como los Maestros ascendidos y los arcángeles, son parte integral de este enfoque. El Reiki Shamballa tiene una enorme cantidad de energía e información a la que se puede acceder a través de la práctica, la meditación y el autotratamiento. Sin embargo, es difícil encontrar un maestro para este sistema, pero vale la pena el esfuerzo.

El sistema tradicional de Reiki es el sistema original enseñado por Mikao Usui. Todas las demás versiones de Reiki son ramas modernizadas del sistema original.

La principal diferencia entre el sistema Tradicional y otros sistemas no tradicionales es que el sistema Tradicional ofrece acceso a 352 niveles metafísicos, mientras que otros sistemas solo ofrecen 3 o 4 niveles de sintonización. Esto se debe a que los símbolos utilizados en el Reiki Shamballa MDH (una rama del Reiki Tradicional) se consideran extremadamente poderosos. No se debe acceder a ellos hasta que el estudiante esté espiritualmente preparado. Está relacionado con la leyenda de la Atlántida, que afirma que todo el continente se hundió como castigo por el abuso de sus habitantes y su interminable deseo de poder.

El Reiki Shamballa es una versión modernizada del sistema de Reiki tradicional. Se cree que es más poderoso y tiene un mayor significado espiritual. La sintonización con el nivel de Maestro permite al practicante afrontar sus deudas kármicas y crecer espiritualmente. El Reiki Shamballa es un sistema de curación y representa una forma de acelerar el desarrollo espiritual.

Diferencias significativas entre el Gakkai Original y el Reiki Occidental

Hay varias diferencias significativas entre el Reiki Tradicional Japonés y el Reiki Occidental. El Reiki Tradicional Japonés se basa en las prácticas internas de meditación sobre técnicas de respiración, preceptos y curación a mano. También se centra en el despertar espiritual, el auto empoderamiento y la conciencia.

Por el contrario, el Reiki Occidental se basa en prácticas externas y se centra en la curación con las manos de uno mismo y de los demás. También utiliza preceptos y símbolos de forma más externa. Los métodos occidentales también se basan profundamente en los chakras y los centros de energía del cuerpo para la curación.

En última instancia, el Reiki tradicional japonés y el Reiki occidental conducen a una transformación y curación más profundas. Es crucial encontrar la forma de Reiki que resuene con usted y le permita conectar con su poder y sabiduría innatos.

¿Hay algún problema con el sistema energético de los chakras?

No, no hay nada malo con el sistema energético de los chakras. Son una parte vital del Reiki Occidental. Simplemente no fue enseñado por Usui Mikao y ahora se ha convertido en una parte de las prácticas evolucionadas. Sin embargo, es importante notar que la experiencia de cada persona con los chakras será diferente. Algunas personas pueden encontrarlos útiles en su viaje de curación, mientras que otras pueden no conectarse. Por lo tanto, es imperativo escuchar su intuición y orientación al trabajar con los chakras.

El Reiki tradicional japonés no se refiere a los chakras. En su lugar, se basa en las prácticas internas de meditar en las técnicas de respiración, los preceptos y la curación con las manos. También se centra en el despertar espiritual, el auto empoderamiento y la conciencia.

¿Qué sistema de Reiki se debe seguir?

Hay muchos sistemas de Reiki disponibles para seguir, pero saber cuál es el mejor para usted puede ser confuso. Algunas personas prefieren seguir un sistema tradicional, mientras que otras disfrutan explorando diferentes métodos no tradicionales. Lo importante es que encuentre un sistema que le resulte adecuado y que pueda comprometerse a practicarlo con regularidad.

También es importante encontrar un profesor con el que se sienta cómodo. Debe preguntarle cualquier duda y recibir respuestas claras y concisas. Un buen maestro le ayudará a desarrollar su práctica de Reiki y le guiará en su viaje hacia la autosanación.

Encontrar el sistema y el maestro adecuados es una tarea desalentadora, pero vale la pena el esfuerzo. Con la orientación de un instructor cualificado, podrá aprender a utilizar el Reiki para su curación y tranquilidad.

La mayoría de las personas acaban por inclinarse por un sistema u otro, pero no hay una respuesta incorrecta o correcta. La opción correcta y esencial es encontrar lo que funciona mejor para usted y apegarse a ello.

Es esencial entender la diferencia entre el Reiki tradicional y el no tradicional. El sistema original de Reiki es el Usui Shiki Ryoho, y todas las demás versiones son ramas modernizadas de este sistema. También es importante notar que estos sistemas no tradicionales no deben ser malinterpretados como si fueran lo mismo que el sistema original. Hay muchos sistemas no tradicionales de Reiki, como el Reiki Karuna, el Reiki Angelical, el Reiki Seichim y el Reiki Tibetano. Cada uno tiene su propia historia y enfoque de la curación. En última instancia, depende de cada persona decidir qué sistema le atrae más. Sin embargo, siempre hay que investigar y entender las diferencias antes de decidirse.

Capítulo 4: Cómo funcionan la energía y el Reiki

Fue durante una conferencia en la Universidad de Oxford el 10 de junio de 1933, sobre los métodos de la física teórica, cuando Albert Einstein dijo algo así como:

"Las cosas deben hacerse tan simples como sea posible, pero nunca más simples".

Esta frase también fue citada casi 20 años después por Louis Zukofsky en uno de sus poemas. Tras el fallecimiento de Einstein, ha sido objeto de muchos análisis, debates y controversias, y la gente ha llegado a diversas conclusiones.

Sin embargo, la lección más rudimentaria que hay que aprender de esta cita del gran científico es que para entender algo es útil comprender el tema en su forma más simple, en lugar de observar el fenómeno en una condición avanzada.

Cuando desglosamos cualquier problema, si podemos llegar a los principios más básicos del desafío, tenemos unidades tangibles y medibles para trabajar en la resolución de uno en uno, en lugar de tratar de resolver un gran problema sin principio ni final aparente.

En el ámbito de la salud y la curación, el Reiki utiliza este mismo enfoque al desglosar la salud humana en un sistema muy sencillo de entender, pero extremadamente poderoso. Sorprendentemente, el Reiki es una tradición muy antigua, fácilmente anterior a Einstein, y el concepto de la fuerza vital, el pilar central del Reiki, se remonta a varios siglos, si no a varios milenios.

Unas palabras de precaución

Ya sea el Reiki o cualquier otra forma de tratamiento alternativo, a menudo son comercializados por profesionales con ánimo de lucro como una cura para todos sus problemas. Aunque sepan que no hay solución para un problema específico, atraen a la gente. Se convierte en una situación similar a la gallina de los huevos de oro, en la que obtienen beneficios de forma constante porque ofrecen algún alivio, y es suficiente incentivo para que el cliente siga acudiendo.

El Reiki no es una cura para la enfermedad; es una terapia de bienestar destinada a promover la salud junto con los tratamientos médicos. El Reiki puede ayudar en problemas crónicos y terminales, pero no es un sustituto de los tratamientos médicos. Hay personas que se han recuperado excepcionalmente de enfermedades graves, como el cáncer, con la ayuda del Reiki. Sin embargo, fue con la ayuda del Reiki y no con el Reiki en sí. Los practicantes de Reiki no están cualificados para hacer recomendaciones médicas, y se supone que no pueden formar un punto de vista ético y legal ni ofrecer ninguna aportación sobre cómo debería manejar sus tratamientos médicos. Si decide utilizar el Reiki, no lo utilice como sustituto de su tratamiento habitual. Ayudará al bienestar general y, con suerte, también al problema en sí, pero utilícelo además de la recomendación de su médico.

Además, el Reiki es un tratamiento muy seguro, ya que no hay pastillas, jarabes, inyecciones, vacunas o procedimientos complicados por los que tengas que pasar. Todas las prácticas de Reiki son completamente seguras para usarlas con cualquier tratamiento médico, siempre y cuando se sienta cómodo en los ejercicios.

Fundamentos del Reiki

El Reiki se basa en la premisa de que nosotros, junto con todo lo demás en el universo, estamos vibrando y creando energía. Veamos la construcción de cualquier materia a nivel molecular. Es fácil ver que todos somos un conjunto de protones, electrones y otras partículas diminutas en constante movimiento y vibración, creando energía. En algunos casos, se trata de energía eléctrica. En otros casos es energía magnética, calor o cualquier otra cosa. El universo está construido en torno al bloque de construcción más básico, que es la energía.

La otra característica crucial de la energía es que todas las formas de energía están interrelacionadas. No importa lo lejos o cerca que estén los objetos físicos, la energía que todos compartimos como parte de este universo está interconectada. Además, un cambio en la energía de una cosa crea un cambio en todas las demás energías relacionadas directa o indirectamente con ese objeto. Por ejemplo, si se calienta una barra de metal en un extremo, el otro extremo también se calentará a medida que el calor se desplace por la barra de metal. Del mismo modo, la zona que calienta la barra también se calentará, aunque sea una diferencia apenas perceptible. Algunas cosas pueden almacenar energía mejor que otras. Ciertos objetos pueden actuar como cargadores, potenciadores o amplificadores de energía, mientras que otros objetos sirven como drenajes de energía, amortiguadores y areneros.

Con las herramientas y habilidades adecuadas, la energía puede ser manipulada y utilizada para muchas cosas. Algunas no son tan positivas, pero otras, como la forma en que se utiliza la energía en el Reiki, ayudan a mejorar la vida, la salud e incluso le permiten vivir una vida más larga y feliz.

Fuerza o energía vital

El componente central del Reiki es la Fuerza Vital o energía. Cuando una persona consulta a un practicante de Reiki con un problema, su trabajo es analizar lo que está mal con la energía que causa este desequilibrio. En muchas formas de tratamiento alternativo, el enfoque es corregir el flujo de energía dentro del cuerpo, aumentando la producción de energía si es insuficiente, o reduciendo el flujo de energía si está en exceso. Desde los procesos físicos hasta los mentales, el cuerpo depende de una cantidad equilibrada de energía en el sistema. Todos los problemas del cuerpo se consideran el resultado de un desequilibrio energético. Encontrar el origen de este desequilibrio y determinar el tratamiento adecuado para rectificar el problema es el verdadero reto.

La fuerza vital en el mundo

El concepto de la fuerza vital no es exclusivo del Reiki. Se utiliza normalmente en muchos sistemas de curación diferentes y forma parte de muchas culturas de todo el mundo. El Reiki es una práctica que resurgió a finales del siglo XIX y comenzó a ganar mucho impulso a principios del siglo XX. Sin embargo, la forma en que utiliza la idea de la fuerza vital es muy similar a sus orígenes y todavía se utiliza en la medicina china conocida como energía Qi.

La medicina china existe desde hace miles de años. Han utilizado la idea del Qi en todos los aspectos de la vida. Desde la búsqueda de alimentos que nutren el Qi, la mejora de la salud mediante la mejora de la producción de Qi y el flujo de energía Qi en el cuerpo, e incluso el avance de las artes marciales mediante la incorporación de Qi para hacer varios movimientos más poderosos y eficaces. Del mismo modo, la medicina china también destaca los meridianos en el cuerpo que actúan como las rutas y vías energéticas que la energía Qi utiliza para moverse hacia y desde las diferentes partes del cuerpo.

Del mismo modo, en la medicina tradicional hindú, los chakras son los centros energéticos del cuerpo. Este concepto lo comparten budistas e hindúes y forma parte de sus prácticas curativas desde hace miles de años.

Además, en la medicina tradicional sudamericana, conocida como curanderismo, la idea es tratar y curar a los clientes de las fuerzas negativas que actúan y causan mala salud a través de diferentes herramientas y remedios. Creen que las personas pueden influir en la salud de los demás y afectar a sus vidas a través de actividades metafísicas, como hechizos, maldiciones y maleficios. Estas maldiciones y hechizos también afectan a otras áreas de su vida. Por ejemplo, pueden hacer que una persona tenga dificultades financieras, problemas en su vida amorosa, dificultades para concebir, ser mentalmente inestable y muchos otros problemas. En general, todo lo que la ciencia moderna clasifica como problema médico puede entrar en esta categoría. Además, los problemas que otras culturas asocian con la suerte o el destino también entran en esta categoría. Un sanador tradicional resolverá estos problemas y determinará quién está detrás de la causa y revertirá la energía negativa al emisor.

En varias otras culturas y religiones, se menciona la energía de alguna manera o forma, y los tratamientos están diseñados explícitamente para corregir estos desequilibrios.

Chakras

Según la literatura hindú, los chakras son los siete puntos energéticos del cuerpo que rigen la producción de energía, las funciones corporales y los procesos mentales y fisiológicos. El concepto de los chakras también se encuentra en el budismo, pero los budistas identifican 5 chakras. Del mismo modo, algunos maestros y expertos modernos en chakras van un paso más allá e identifican 8 chakras. Sin embargo, la comprensión universalmente aceptada y amplia de los chakras destaca 7 vías de energía en el sistema de chakras. Estos chakras se utilizan de diversas maneras, y cada chakra representa algo más. Cuando se trata de un problema o de mejorar algo, trabajar en el chakra asociado es beneficioso.

1. Chakra de la raíz

El chakra de la raíz está situado en el extremo del coxis, justo por encima del punto en el que la parte inferior de la espalda se une a la cadera. Está asociado con su identidad física, su conexión a tierra, varios problemas físicos y la estabilidad de su condición mental. Los problemas del sistema digestivo, la artritis y la sexualidad aparecen en este chakra. También puede dar lugar a inseguridad, tensiones sobre su carrera y finanzas, y en general a sentirse a flote sin una conexión sólida con la Tierra.

2. Chakra Sacro

El Chakra Sacro está ligeramente más alto que el chakra raíz, situado justo debajo del ombligo. Este chakra está relacionado con la creatividad, el placer y la energía sexual. Los problemas de este chakra se manifiestan en una creatividad limitada, falta de originalidad o de ideas, un sentido del placer desequilibrado y problemas sexuales. También se asocia con las infecciones del tracto urinario, la impotencia y los problemas de la zona lumbar.

3. Chakra del plexo solar

Ligeramente por encima del chakra sacral, cerca de su estómago y más cerca del centro del abdomen, alrededor de la zona de la costilla más baja donde se encuentran, está el chakra del plexo solar. Este chakra está principalmente relacionado con su autoestima y su nivel de confianza en sí mismo. Los problemas con este chakra resultan en desórdenes alimenticios, acidez e indigestión. Además, influye en su autoestima, en su confianza en sí mismo y en la seguridad con la que gestiona los problemas.

4. Chakra del corazón

El chakra del corazón está situado en el centro del pecho, en línea o ligeramente por encima del corazón. Este chakra se ocupa principalmente del amor y la compasión y tiene un impacto directo en el corazón. Además, influye en los pulmones y tiene un gran impacto en el estado del cuerpo en esa región. Las personas con problemas en el chakra del corazón suelen tener dificultades para procesar las emociones, expresar su amor, gestionar sus pensamientos sobre personas muy cercanas y su capacidad para conectar con los demás.

5. Chakra de la garganta

El chakra de la garganta está situado en el esófago y se ocupa de la comunicación interna y externa. Los problemas con las encías y los dientes ocurren con este chakra. Además, un chakra de la garganta poco saludable puede llevar a mentir, contar habladurías, exagerar en extremo o no expresarse correctamente.

6. Chakra del tercer ojo

También conocido como el chakra de la frente, el chakra del tercer ojo se encuentra en medio de la frente, centrando la cabeza desde arriba. Este es el punto de energía relacionado con la intuición, la iluminación y la capacidad de mirar ciertos aspectos de manera diferente e incluso ver cosas que no son evidentes de otra manera. Los problemas con este chakra incluyen la vista, los desafíos auditivos, los dolores de cabeza y las migrañas. Una persona con un chakra del entrecejo bien desarrollado verá el panorama general y verá las cosas desde una perspectiva diferente. Tiene un sentido de la intuición más refinado y puede procesar ideas, pensamientos y emociones complejas con mayor facilidad.

7. Chakra de la Corona

Por último, en la parte superior de la cabeza se encuentra el chakra de la corona. Es un chakra especial, ya que está interconectado con todos los demás chakras y tiene una profunda conexión con la mente y el sistema nervioso. Este chakra es también la conexión entre el mundo visible y el invisible. Es la fuente de iluminación para los humanos y el centro de energía que gestiona nuestras relaciones espirituales. Las personas con un chakra de la corona cerrado pueden parecer incapaces de comprender la espiritualidad o la religión y, por lo general, adoptan una postura inusual ante estas ideas. Los que tienen un chakra de la corona bien equilibrado disfrutan de la vida y estarán en un gran estado general, ya que todo el cuerpo y la mente son felices cuando el chakra de la corona está abierto y sano.

El aura

El aura es un campo de energía que existe alrededor de una persona. Está creada por la energía electromagnética de bajo voltaje que crea nuestro cuerpo. Todos tenemos un aura, pero no siempre es visible a simple vista. Sin el conjunto de habilidades y conocimientos adecuados, no es posible sentir el aura. Sin embargo, los maestros sanadores pueden mirar el aura para comprender mejor a la persona y sus problemas específicos. El aura sirve como un intenso banco de memoria de nuestras vidas pasadas con información sobre el estado del cuerpo y la mente. Si se descifra correctamente, este campo de energía se utiliza para desbloquear toda la información necesaria para entender a una persona, y a menudo tiene pistas sobre lo que hay que hacer para resolver un problema.

Los practicantes de Reiki y la energía

Los practicantes de Reiki se dedican a la curación mediante la manipulación de la energía. Sus prácticas son el resultado acumulado de la información y los conocimientos derivados de una serie de sistemas de curación. Aprenden y utilizan estos conocimientos, o bien aprenden de un experto.

¿Quiénes son los practicantes de Reiki?

Hay diferentes niveles de estudiantes y practicantes de Reiki, al igual que en las artes marciales y la educación formal: practicante de primer nivel, de segundo nivel y de Maestría de Reiki. Un sanador profesional cualificado para tratar a otros será, como mínimo, un practicante de segundo nivel. Un practicante de primer nivel solo está cualificado para practicar Reiki en sí mismo o en sus amigos y familiares cercanos.

Las asociaciones de Reiki desempeñan un papel activo en la cualificación de los estudiantes de Reiki de todos los niveles en muchos países. Hay requisitos y criterios de normas que los individuos de cada nivel deben cumplir para pasar ese nivel y ser elegibles para el siguiente.

Sin embargo, su experiencia y familiaridad con el tratamiento de problemas específicos son más vitales que el nivel del practicante. Aunque el Reiki se utiliza para resolver problemas de salud mental o física, algunos practicantes prefieren especializarse en problemas concretos como lesiones deportivas, adicciones a las drogas o problemas mentales.

¿Cómo manipulan la energía?

Hay varias formas en las que un sanador de Reiki influye en su energía. La primera técnica es manejar los desequilibrios energéticos en su cuerpo para resolver los problemas. Para algunas personas, esto podría ser un chakra demasiado o poco activo. Para otros podría ser un problema físico que influye en su nivel de energía o un bloqueo mental que limita su salud física. El Maestro de Reiki ayudará a descubrir la raíz del problema y a determinar una solución. Normalmente, el Maestro de Reiki utiliza su energía para influir en la producción y el flujo de energía en el cuerpo de la persona.

Otra técnica que el Maestro de Reiki puede utilizar para resolver su problema es añadir energía externa a su cuerpo para restaurar el equilibrio. En algunos casos, una parte de su cuerpo puede ser deficiente en la energía requerida, y el Maestro de Reiki puede infundir esta energía en su cuerpo. Utilizarán su energía, extraerán energía del universo o utilizarán una combinación para resolver el problema.

A veces nuestra energía se infecta y contamina con energía negativa, o podemos tener algo metafísico unido a nosotros, obstaculizando nuestra salud y crecimiento. El Maestro de Reiki ayudará a determinar la causa y ofrecerá soluciones, como una limpieza energética para remediar la situación.

¿Qué ocurre durante una sesión de Reiki?

Por lo general, el primer paso del tratamiento es comprender el problema. En algunos casos, no es necesario un análisis aparte, ya que se trata de un problema genérico, o el problema es tan obvio que ya es evidente lo que hay que hacer. Los practicantes de Reiki escanean el aura y la energía de diferentes maneras. Algunos prefieren usar sus manos para sentir los desequilibrios energéticos, y otros usan una herramienta como los péndulos de adivinación. Otros utilizarán su propia adivinación para entender el problema.

El siguiente paso es determinar una solución al problema. Las prácticas de curación en Reiki son posiciones de las manos que el sanador utiliza para transmitir energía a su cuerpo. La mayoría son posiciones centradas en la cabeza. Sin embargo, algunos practicantes operan directamente en diferentes partes del cuerpo. Estas posiciones de las manos suelen estar a pocos centímetros del cuerpo y no hay contacto físico. En algunos casos, el sanador coloca sus manos directamente sobre el cuerpo para el proceso de curación.

La duración de cada posición de la mano y el proceso general de curación varían de una persona a otra. A algunos les basta con una sesión rápida de diez minutos, pero otros necesitan una hora completa para sentir alguna mejora.

Además, el tratamiento de Reiki puede complementarse con una dieta adecuada y el cuidado del cuerpo y la mente.

Ventajas del Reiki

La principal ventaja del Reiki es que es un tratamiento holístico y trabaja en todo el cuerpo simultáneamente. Los maestros de Reiki, al igual que muchos otros sanadores alternativos, están de acuerdo en que los sistemas energéticos son soluciones corporales completas; no hay una reparación puntual. Más bien, es un enfoque holístico que se utiliza para el bienestar general. Ayudar a que el cuerpo se recupere o mejore su rendimiento no es una cuestión de simplemente mejorar el rendimiento de una cosa en particular en el cuerpo. Es necesario tratar tanto el cuerpo como la mente para que todo el organismo funcione mejor.

Es una curación que puede hacer usted mismo o tener un experto que le ayude. Una de las principales razones por las que la gente se dedica a la curación con Reiki es que es muy sencilla y se puede aprender sobre la marcha. Además, no hay necesidad de ninguna maquinaria, y no se requiere ninguna herramienta especializada. Utilizando un equipo muy básico, puede curar numerosos problemas.

Incluso si no está buscando una solución a un problema en particular, el Reiki es una gran manera de darle más energía y es una excelente adición a su rutina de salud general. A través de técnicas básicas de meditación, respiración y visualización, puede mejorar drásticamente el funcionamiento de su cuerpo y su mente. A menudo, no estamos funcionando al máximo rendimiento, y no nos damos cuenta porque no hemos sentido el máximo rendimiento en mucho tiempo. Cuando comience a practicar Reiki, se sentirá mucho mejor, dándose cuenta de lo que se ha estado perdiendo. El Reiki también combate problemas potenciales porque su cuerpo y su mente están más sanos.

Realizar Reiki es esencial para hacer crecer su conciencia y mejorar su espiritualidad. El bienestar físico y el espiritual van de la mano, y a través del Reiki, puede trabajar en ambos simultáneamente. Aunque mucha gente utiliza el Reiki para un propósito específico, los beneficios se irradian a todas las partes de su vida.

En última instancia, y lo más importante, no importa para qué practique el Reiki, sino lo bueno que sea en sus diferentes actividades. Cuanto más control tenga sobre la forma en que practica las diferentes rutinas y cuanto más hábil se vuelva, más eficazmente obtendrá los beneficios del Reiki.

Capítulo 5: Cómo empezar: Su caja de herramientas de Reiki

Al practicar Reiki, es posible que necesite algunas herramientas de sanación energética para mejorar la experiencia de sanación de sus sesiones. Al incorporar diferentes herramientas de sanación en sus sesiones, encontrará que sus habilidades de sanación y su compromiso personal con el mundo que le rodea mejoran drásticamente, así como su capacidad para contemplar y fomentar cómoda y efectivamente una conciencia y conexión espiritual más profunda. Como resultado, si elige enfatizar la autocuración o el trabajo con clientes, esto probablemente determinará lo que necesita agregar a su conjunto de herramientas.

Los practicantes de Reiki suelen crear un entorno relajante para sus sesiones, utilizando elementos específicos. Aparte de una intención sólida y una mente calmada, los practicantes de Reiki necesitan herramientas como varas de salvia, péndulos, incienso, un cojín de meditación, un diario para hacer una crónica de su viaje de formación, una cama o sofá de curación y cristales, aunque esto último no es obligatorio. Este capítulo trata de los componentes que se deben adquirir antes de empezar con el Reiki. Describe cómo el practicante de Reiki utiliza cada herramienta y cómo debe limpiar, consagrar y bendecir cada herramienta.

Herramientas para sahumar

Esta técnica tradicional se utiliza para limpiar la energía negativa de un espacio sagrado, un objeto, una habitación o una persona; el sahumerio sigue siendo ampliamente utilizado hoy en día por los practicantes de Reiki de todo el mundo. Desde los palos de sahumerio y los aceites esenciales difundidos hasta el incienso, los hidrosoles y la resina quemada, todas estas son herramientas que se pueden utilizar para mejorar o experimentar con sus prácticas de sahumerio. Un flujo ininterrumpido de energía es fundamental para una curación adecuada, y esto solo puede lograrse mediante prácticas que promuevan la apertura y la claridad. Por lo tanto, debe elegir las herramientas ideales para sus sesiones de curación.

Cuando los practicantes están más abiertos y receptivos, la conexión con ellos mismos y con los demás resulta más fácil. Algunos practicantes también utilizan tambores y sonajeros en sus técnicas de limpieza y sahumerio. Además, el incienso eleva las vibraciones positivas elevando los espíritus de forma natural. La quema de incienso suele ir acompañada de oraciones e invocaciones. Por lo tanto, debe conseguir un tipo específico de incienso que se adapte a su objetivo de meditación. Por ejemplo, considere el pachulí si quiere atraer más aspectos positivos a su vida. Los inciensos de lavanda y rosa se recomiendan para aliviar el estrés.

Otras cosas como la salvia, el agua corriente, la luz del sol y el aceite esencial juegan un papel crucial en la limpieza de la energía. El aceite esencial de Thieves, en particular, es estupendo para despejar la energía, ya que consta de componentes naturales antivirales y antibacterianos. Este aceite es muy útil y debería utilizarlo cuando esté estresado o agobiado. Cuando practique la autocuración, debe contar con el aceite esencial adecuado. Puede aplicar el aceite en la planta de los pies para ayudar a vigorizar su energía cuando se sienta agotado. El aceite esencial también ayuda a reducir el estrés, ya que elimina los gérmenes. Si quiere practicar la autocuración, consulte a un curandero profesional para asegurarse de que obtiene el aceite apropiado para sus fines curativos.

Cristales de curación

Los cristales curativos no son necesarios, pero son poderosos e importantes para mantener los vínculos vibratorios. Dependiendo de la composición química y de la estructura cristalina, cada cristal consta de un conjunto de propiedades curativas. La composición y la estructura cristalina de cada cristal afectan a sus propiedades curativas, lo que hace que cada cristal sea único en su propósito. Elegir el cristal más adecuado para la intención de cada sesión de curación aumentará la eficacia de sus sesiones. A continuación, hay una lista de los cristales más utilizados en las diferentes sesiones de sanación de Reiki.

- **Sesiones de limpieza** - El cuarzo y la selenita se utilizan comúnmente para la curación. Coloque estos cristales bajo la mesa de Reiki en una habitación, y ayudarán en la limpieza de otros cristales curativos y péndulos.
- **Cristales de tierra** incluyen madera petrificada, granito o Shiva linga. Producen vibraciones más altas. Pueden hacer que usted o sus clientes se intoxiquen un poco, por lo que debe colocarlos debajo de la silla o mesa de curación.
- **Varitas de cristal** (un solo borde) incluye cualquier cristal que desee, pero el cristal es una gran opción. El borde redondeado extraerá la energía o la eliminará, mientras que el borde puntiagudo concentra la energía o la añade.
- **Cristales de los chakras** consisten en varias opciones, y su elección es una cuestión de preferencia personal. Elija un cristal que responda a sus preocupaciones o problemas. La elección de los cristales debe alinearse con los siete chakras principales. Puede considerar el jade, el jaspe rojo, el camaleón, el citrino, el lazuli (lapislázuli) y la amatista. Este grupo de cristales cubre diferentes aspectos que puede querer incluir en sus sesiones de curación.
- **Cristales para dolencias comunes** se seleccionan según la intención de su sesión de curación.

Cuando elija los cristales para su sesión de curación, debe conocer su propósito y cómo utilizarlos. Investigue primero, para poder elegir las piedras que se adapten a sus necesidades.

Juego de piedras con símbolos de Reiki

La antigua práctica curativa del Reiki se basa en la noción de que el tacto puede transferir energía. Ayuda a poner en marcha el proceso de curación emocional, mental y físico. Uno de los elementos más fascinantes y esenciales del Reiki se refiere a los símbolos. Utilizados para elevar la energía y guiar el flujo de chi (Qi) por todo el cuerpo, los símbolos de Reiki también vienen en una variedad de formas y figuras; la energía de cada uno se utiliza para un propósito específico dependiendo de la intención.

Para activar sus símbolos de Reiki, visualícelos y diga sus nombres en voz alta. Normalmente hay cuatro símbolos de Reiki: el símbolo de Poder, el símbolo de Maestro, el símbolo de Distancia y el símbolo de Armonía. Puede invocar diferentes símbolos de Reiki para realizar una curación a distancia.

1. Cho Ku Rei: El símbolo de poder

Utilizado para controlar la magnitud y el alcance del poder, el símbolo Cho Ku Rei es considerado uno de los más básicos y necesarios por la mayoría de los practicantes. Para hacer una marca del símbolo, dibuje una bobina en espiral en cualquier dirección; esta marca representa el flujo de chi en todo su cuerpo; visualice mentalmente un interruptor mientras marca el símbolo de poder. La iluminación, la claridad y la dirección de su flujo de energía solo pueden ser verdaderamente accesibles cuando el practicante de Reiki activa correctamente el símbolo de poder.

Este símbolo, Cho Ku Rei, también es muy utilizado por los Maestros de Reiki en la iniciación de cualquiera de sus sesiones; comenzar con un impulso a los poderes básicos de Reiki en su interior siempre dará resultados más fiables y efectivos. Una de las mejores formas de utilizar este poder es cuando se pretende sanar una lesión; las lesiones tanto de grado leve como de grado grave pueden ser afectadas positivamente por este símbolo. Si nota que necesita purgar cualquier energía negativa que impregne su sesión de curación de Reiki, también puede utilizar este símbolo para debilitarla y limpiarla. Algunos practicantes dedicados también marcan el símbolo en sus paredes para mantener una protección constante contra la energía negativa en cualquier habitación de su elección.

El Cho Ku Rei también puede utilizarse para impulsar o mejorar cualquier relación a la que lo dirija; imprimir o marcar el símbolo en sus tarjetas de visita y membretes o activarlo a través de un objeto antes de regalarlo a la persona elegida es una forma fiable y segura de impulsar y dispensar buena energía a su relación. Como probablemente sea un poco obvio a estas alturas, este símbolo, si se utiliza correctamente, también puede mantener a raya cualquier infortunio o golpe de mala suerte. El Cho Ku Rei es una forma perfecta de purificar los sistemas energéticos y puede desempeñar un papel crucial en la eliminación de la energía negativa de su comida.

2. Sei He Ki: El símbolo de la armonía

El símbolo de la armonía se utiliza sobre todo para desbloquear el equilibrio mental y emocional; este símbolo representa la unificación de Dios y el hombre. Se utiliza para equilibrar los lados izquierdo y derecho del cerebro, así como para proporcionar protección a su portador.

Si se acerca un examen o una entrevista de trabajo en su vida, también puede utilizar este símbolo para mejorar su rendimiento medio y asegurarse de que sus habilidades de memoria estarán a la altura. Para mantener una memoria cristalina de ciertas piezas de información, puede marcar el símbolo Sei He Ki en páginas específicas de cualquier libro que necesite recordar. Para activar el símbolo hay que visualizarlo flotando directamente sobre la cabeza.

Además de todo lo mencionado anteriormente, el Sei He Ki también puede ser de gran ayuda si usted sufre cualquier forma de adicción, ya que la dependencia de drogas o sustancias suele surgir debido a orientaciones o experiencias negativas. Pero lo bueno es que puede superar el desafío visualizando el símbolo Sei he ki. Además, puede buscar la guía del símbolo si sufre de dolores de cabeza. En la mayoría de los casos, la inestabilidad mental y emocional son las principales causas de los dolores de cabeza.

3. Dai Ko Myo: El símbolo maestro

Este símbolo se considera el símbolo Maestro, ya que sostiene y complementa los propios poderes; también se considera uno de los símbolos de Reiki más sagrados del sistema, ya que ha demostrado que ejerce las energías más transformadoras al trabajar con una de las vibraciones más elevadas. El alcance de la curación del Dai ko myo abarca el aura de una persona, sus chakras superiores, así como su alma en su conjunto. Es conocido por sus vibraciones que inducen al empoderamiento, emitiendo una luz brillante al activarse.

Si busca fortalecer y mejorar su relación con Dios, este símbolo es estupendo para alentar y estimular la iluminación espiritual, acercando a sus portadores a Dios si hacia eso dirigen sus intenciones. Utilice diferentes métodos como dibujar el símbolo o meditar con él para recibir sus poderes. Si está buscando utilizar un símbolo que le ayude a fortalecer su relación consigo mismo, así como su capacidad para tener una clara conciencia de sí mismo, entonces este símbolo podría hacer maravillas para usted.

Los practicantes afirman que es uno de los símbolos más eficaces a la hora de nutrir su alma y su cuerpo, dándole la energía y la capacidad necesarias para ayudarse a sí mismo y a los demás cuando lo necesiten. Su flujo de energía también influye directa e inevitablemente en su sistema inmunológico y en la homeostasis general de su cuerpo; el uso adecuado de este símbolo puede ayudarle a alcanzar un estado de equilibrio físico cómodo y saludable. También puede eliminar cualquier bloqueo que afecte a su sistema inmunológico.

4. Hon Sha Ze Sho Nen: El símbolo de la distancia

Este símbolo puede ser un poco confuso si no se le dedica suficiente tiempo y esfuerzo en la práctica. Hon Sha Ze Sho Nen implica la erradicación (o el *aplanamiento)* del pasado, el presente y el futuro, enviando libremente su energía Reiki a través del espacio y el tiempo. Aunque el símbolo no puede cambiar el pasado, los practicantes lo utilizan para curar las heridas proporcionando una experiencia de aprendizaje que se utilizará en el futuro para evitar los mismos errores.

También puede ayudarle a recibir buenas noticias sobre el futuro, o traer malas noticias en algunos casos. Este símbolo es diferente a los demás, por lo que debe utilizarse adecuadamente. Este símbolo funciona bien si *no se* utiliza en el cuerpo. En su lugar, llámelo a diario para fomentar la curación pasada y futura del cuerpo.

Baraja de Técnicas de Reiki

Las cartas de Reiki son indispensables en el conjunto de herramientas de algunos practicantes; llevan su propia forma de propiedades curativas y cada una ocupa un lugar específico en el sistema de símbolos de Reiki. Para comunicarse de forma clara y eficaz con su alma superior, la carta de la escucha puede ayudarle a conseguirlo. Si lo que busca es purificar y depurar su cuerpo y su mente de cualquier experiencia o energía negativa acumulada a lo largo del día, considere la carta *Refrescarse (Freshen Up)*. La baraja consta de 30 tarjetas de diseño único que muestran los símbolos, las posiciones de las manos y otras técnicas de Reiki. Cada tarjeta viene con una breve descripción y se utiliza como tarjeta de memoria para ayudarle a comprender diferentes aspectos del Reiki.

Las cartas también pueden utilizarse para la lectura de cartas de Reiki. Todo lo que tiene que hacer es seguir las instrucciones y utilizar las cartas junto con otro poder intuitivo para que le guíen hacia los mejores símbolos, posiciones de las manos o técnicas para tratar un asunto concreto para usted o para otros. Las cartas de Reiki nos permiten llamar a la sabiduría superior para que nos guíe cuando necesitemos curación. Si se utilizan correctamente, las cartas pueden ser reveladoras y útiles.

Mesas de masaje

Esta herramienta es una de las primeras cosas que compran los profesionales cuando buscan llevar a cabo tratamientos y prácticas de curación con orientación física desde la comodidad de sus hogares. Elija una mesa robusta, hecha a medida y ajustable, construida con los materiales adecuados para su uso - y con opciones adicionales en cuanto a accesibilidad y comodidad si busca ofrecer su servicio a una clientela diferente. Además, deberá tener en cuenta si la va a transportar, o si lo más probable es que permanezca en su casa.

Las mesas de Reiki suelen estar construidas de metal o madera, por lo que es fundamental para su experiencia, así como para la de sus posibles pacientes, que tenga en cuenta los resultados y usos de cada material. La madera es un material absorbente y muy poroso, que crea y hace circular la energía alrededor de quien la utiliza. Por otro lado, con las mesas de metal, se desarrolla una carga de energía alrededor de la mesa, envolviendo y cargando a usted y a su paciente durante su sesión de curación.

Cualquier residuo de energía tóxica que se filtre en su mesa de madera durante una sesión necesita ser limpiado y sacado de su mesa después de cada sesión; utilice salvia para limpiarla adecuadamente. Sin embargo, dado que las mesas de metal, como se ha explicado anteriormente, no absorben ni crean energía, sino que cargan la energía ya existente, descubrirá que no necesita limpiar su mesa con tanta frecuencia, o posiblemente no necesite limpiarla *nunca*.

Péndulo de amatista cargado con Reiki

En el Reiki, los péndulos se utilizan para determinar y medir los niveles de energía en un espacio y en una persona; se utiliza sobre todo para discernir cualquier impureza o desequilibrio que pueda haberse colado en el campo energético o los chakras de alguien. Los chakras están formados por energía que debe ser medida. Además, nuestro cuerpo produce o absorbe energía durante las sesiones de curación, y es aquí donde un péndulo resulta útil para *medir esta energía*. Es posible que el cuerpo necesite ser limpiado de energía negativa; la herramienta adecuada, como el péndulo, puede diagnosticar esta energía negativa.

También puede utilizar los péndulos como herramientas de adivinación. Si quiere respuestas a cuestiones específicas, consulte su péndulo de Reiki cargado. Los péndulos de cristal suelen estar diseñados con fines y propiedades curativas. También pueden cargarse con las energías curativas del Reiki para ayudar a los clientes con diversas dolencias.

CD de oro de Reiki

La música es otro componente importante que se utiliza a menudo en las sesiones de curación de Reiki; considere la posibilidad de poner CDs de Reiki durante su sesión.

El propósito principal de la música es crear un estado de ánimo particular, y también ayuda a atraer al cliente al proceso de curación y ayuda a concentrarse en lo que está ocurriendo. La música también puede ayudar en sus procesos de curación, ya que emana sus propias vibraciones, que son similares a las de los cristales. Si se combinan bien, la energía curativa resultante puede multiplicarse; las melodías suaves y de ambiente son las que más suelen disfrutar los clientes que recurren al Reiki para relajarse y aplicar estrategias curativas más completas. También es importante elegir una música que se adapte *a su intención*.

Otros CDs contienen meditaciones de Reiki que debería escuchar, ya que le guían a niveles de conciencia más elevados. También proporcionan nuevas habilidades y energías curativas si las escucha con atención. Su CD de Reiki puede actuar como una guía personal y profundizar en su energía curativa. La energía Reiki de la meditación está diseñada para protegerle de las influencias negativas. Otro componente de la meditación tiene que ver principalmente con la creatividad y la resolución de problemas. Todas estas meditaciones van acompañadas de música relajante, ya que combina bien con los tratamientos de curación energética.

Póster de los símbolos de Reiki

Un póster es otro objeto crucial que debe tener en la pared dentro de la sala de Reiki. Los cuatro símbolos de Reiki más utilizados (Sei hei ki, Cho ku rei, Dai ko myo y Hon sha ze sho nen) suelen estar marcados en este póster. Del mismo modo, también debe tener un póster de las posiciones de las manos de Reiki. El póster de las manos muestra las doce posiciones básicas de las manos para realizar un tratamiento de Reiki.

Esta práctica es un proceso que requiere un aprendizaje constante para refrescar su mente. Por lo tanto, debe tener todos los detalles que le ayuden a realizar cualquier ejercicio de curación. Cuando tenga toda la información a mano, podrá llevar a cabo su sesión de curación sin temor a llevar a su cliente por el mal camino. Si necesita ayuda con algo, consulte sus fuentes de información.

Temporizador de Reiki de la Pirámide

Es necesario programar el temporizador para que capte su atención en diferentes momentos de la sesión de curación; se pueden establecer intervalos de dos a veinte minutos en función de sus necesidades o las de su cliente. Estas campanadas son indispensables cuando usted está inmerso en el proceso de curación y es probable que se olvide de que tiene que cambiar la colocación de las manos o la posición en un momento muy concreto del proceso. Una sesión de curación debe tener tiempos de inicio y finalización que usted mantenga.

Libros de Reiki

Los libros de Reiki también ayudan a los practicantes con información sobre todos los aspectos del Reiki, desde las instrucciones básicas hasta las técnicas avanzadas, profundizando su conocimiento y pasión por la práctica. Los libros de trabajo proporcionan nuevo material y detalles adicionales para mejorar su comprensión de la práctica. Necesita refrescar su memoria constantemente para ser un practicante eficaz. Además, utilice la *revista Reiki News Magazine*, material de lectura diseñado principalmente para los practicantes interesados en avanzar en sus conocimientos. La revista contiene artículos sobre todos los elementos de los diferentes conceptos de Reiki.

Vela de sándalo de Izola

Puede establecer una rutina diurna o nocturna para su práctica de sanación para invocar la energía positiva, como encender una vela. El sándalo, por ejemplo, se considera un árbol muy sagrado para los practicantes de Reiki, ya que sus aceites vibran fuertemente con nuestros chakras tercero y cuarto, generando fluidez, curación y apertura en el corazón. También es excelente para la conexión a tierra, así que queme su vela de sándalo en un lugar sagrado.

En primer lugar, cree un espacio sagrado y cerciórese de que es seguro para que nada sea destruido por el fuego. Puede utilizar su manta de meditación si quiere disfrutar de comodidad durante su sesión de meditación.

Cojín de meditación

Si medita todos los días, necesita crear un espacio sagrado. Necesita ciertas cosas en su lugar preferido, como cojines de meditación y almohadas. La elección de estos dos artículos depende de su comodidad, de la postura de meditación, de la alineación adecuada y del aspecto del cojín. Cuando medite, siéntese en un lugar tranquilo y cómodo. Su cuerpo necesitará un apoyo adecuado; de lo contrario, puede sucumbir a la superficie, lo que provocará malestar. Si la columna vertebral, las caderas, las piernas, la cabeza y los hombros se desalinean, puede experimentar algún dolor. Los cojines de meditación, las almohadas o los cojines para las rodillas contribuyen en gran medida a mejorar su postura y su comodidad durante la meditación.

La meditación requiere herramientas adecuadas para garantizar el éxito de la sesión de curación. El loto completo, las piernas cruzadas o el medio loto, la postura sentada en la silla, la postura de rodillas o la savasana (postura tumbada) son posturas de meditación muy comunes y extremadamente beneficiosas que se han utilizado durante siglos en muchas prácticas curativas diferentes. Dependiendo de sus necesidades, puede utilizar más de una postura al meditar. La flexibilidad de sus rodillas, tobillos y caderas determina su postura de meditación. Sin embargo, es necesario algún apoyo para mantener la comodidad y la alineación adecuada durante la meditación.

Una base firme es fundamental cuando se sienta en una postura de loto completo o medio loto; la columna vertebral debe estar erguida mientras la parte inferior de la espalda se curva hacia dentro, la parte superior de la espalda se curva un poco hacia fuera y el nivel de la cabeza se curva ligeramente. Esta alineación da soporte a su cuerpo y se puede conseguir con un cojín de meditación adecuado. Su sesión de meditación puede durar varios minutos, por lo que debe sentarse cómodamente. Cuando consiga un cojín apropiado, añada una fuente de agua en el espacio que haya elegido para crear una atmósfera tranquilizadora.

Obras de arte de animales poderosos

Puede decorar su habitación con obras de arte y otros símbolos que potencien sus poderes curativos. Colocar en su habitación señales subconscientes puede desencadenar pensamientos positivos, ayudándole a conseguir el poder curativo que desea. Puede incluir su tótem o animal de poder como compañero espiritual en su viaje de curación. Las obras de arte interactúan bien con el Reiki y permiten alcanzar altos niveles de curación chamánica al proporcionar una lente o perspectiva no convencional en su práctica.

Camiseta de los Principios del Reiki

Las prendas adornadas con símbolos y palabras de Reiki le recuerdan las cosas que debe seguir al iniciar su sesión de curación. Si lleva sus galas en la comunidad, esto puede ayudarle a entablar conversaciones con personas que puedan querer ayuda o aprender sobre esta curación. La ropa especial también puede darle un fuerte apego a los poderes curativos del Reiki.

Plantas curativas

Entrar en una casa adornada con plantas sanas denota inmediatamente paz, amor, afecto y tranquilidad. Las plantas son una bendición para cualquier hogar o espacio de trabajo, y no es diferente para su espacio de sanación de Reiki. Provienen de la tierra viva y aportan una abundancia de energía positiva, creando un entorno tranquilo que beneficia a la mente y al cuerpo. Para una vida sana, necesitamos un oxígeno saludable, y las plantas sanas aumentan los niveles de oxígeno y eliminan los contaminantes del espacio, fomentando el bienestar general. Muchas religiones y espiritualistas de todo el mundo creen que determinadas plantas son sagradas con conexiones espirituales y las mantienen en su espacio de curación, aprovechando sus propiedades terrestres.

Dependiendo de su región y de la disponibilidad, he aquí algunas plantas curativas:

- **Salvia**

La salvia se menciona con frecuencia en este libro, y por una buena razón. Es una excelente herramienta de sahumerio para eliminar la energía negativa. El humo que repele la energía negativa se libera en el aire en el momento en que la salvia seca se activa al quemarse. Además de eliminar la negatividad, también aumenta la conectividad con la madre tierra y equilibra los chakras de la garganta y del tercer ojo.

- **Flor de loto**

La flor de loto es el símbolo de la iluminación espiritual y del renacimiento. Nace del barro y la suciedad y madura en una hermosa flor blanca, que representa la pureza. Como es lógico, el loto se utiliza mucho en los rituales espirituales y en la conexión con los poderes superiores. Su aura ayuda a purificar los chakras y a sanar el cuerpo y la mente. Además, las plantas de loto promueven la positividad, la paz y la tranquilidad, disminuyendo el estrés y la ansiedad, y eliminando las toxinas del espacio de curación. Si es posible, esta es una planta imprescindible en su sala de curación de Reiki.

- **Jade**

Muchos espiritistas y maestros de Reiki tienen plantas de jade a la entrada de sus casas o espacios de sanación. Al entrar, usted o su cliente se verán envueltos en su conectividad con la prosperidad, la paz y la tranquilidad. La energía espiritual de una planta de Jade utilizada por un practicante de Reiki puede ayudar con los problemas de relación.

- **Bambú**

El bambú (en realidad una hierba) es portador de una increíble energía positiva con potentes auras; por eso la planta del bambú es sinónimo de la antigua curación holística japonesa, como el Reiki. Promueve la resistencia, la fuerza y la energía positiva y ayuda con los problemas de la menstruación.

- **Lirio de la Paz**

Como su nombre indica, el lirio de la paz emana paz y tranquilidad, eliminando al mismo tiempo las toxinas y la negatividad del espacio de curación. Esta planta es sumamente útil para aumentar la conciencia espiritual y conectar con sus poderes superiores: dioses, deidades o ídolos.

- **Lavanda**

La lavanda se utiliza habitualmente como aceite esencial complementario que favorece la calidad del sueño y la serenidad al tiempo que disminuye la tensión física, el dolor o la ansiedad. Es excelente para eliminar la energía negativa.

- **Jazmín**

Para ayudarse a sí mismo o a su cliente a relajarse y absorber los mejores beneficios de una sesión de Reiki, ofrezca té de jazmín, con alto contenido en antioxidantes. Tiene numerosas cualidades curativas, como equilibrar las emociones, promover la conciencia, la energía positiva y disminuir la ansiedad.

- **Menta**

Utilizada en aceites esenciales, la menta es excelente para los problemas de la cabeza (chakra del tercer ojo). Promueve la percepción espiritual, la energía positiva, la conciencia y ayuda con los dolores de cabeza, los senos nasales, la congestión y la digestión.

- **Romero**

Al igual que la salvia, puede quemar romero para limpiar su espacio de curación de la negatividad. Para la curación Reiki, la salvia ayuda a la función cerebral y a la circulación y libera el estrés.

Si está interesado en convertirse en un practicante de Reiki, debe tener las herramientas adecuadas para llevar a cabo sus sesiones. Cuando lleve a cabo una sesión para curarse a sí mismo o a otras personas, deberá contar con los elementos ideales. En este capítulo se han tratado diferentes componentes que puede incluir en su caja de herramientas. Sin embargo, su elección final de herramientas es una cuestión de preferencia personal. Su intención debería determinar los artículos que utiliza en su práctica. Asegúrese de comprender el propósito de cada artículo que elija si quiere alcanzar sus objetivos.

Capítulo 6: Los principios del Reiki

Los principios del Reiki consisten en afirmaciones sencillas que puede utilizar para promover la paz y la felicidad en su vida diaria. Se utilizan en combinación con técnicas de meditación para ayudar a eliminar sus sentimientos negativos y dar la bienvenida a la energía positiva en su vida. Los principios básicos del Reiki han tenido diferentes interpretaciones a través del tiempo a medida que la práctica del Reiki ha evolucionado.

Los cinco principios básicos del Reiki comienzan con la frase "solo por hoy". Esta frase encierra el significado esencial del Reiki. Le permite centrarse en el momento actual y soltar el pasado y, a medida que vaya practicando, verá que el Reiki es un proceso paso a paso. Los principios pueden parecer afirmaciones básicas, pero vivirlos es el verdadero reto, ya que debe ser consciente al aplicar los cinco principios de Reiki en su vida. Tendrá que dejar de lado cualquier distracción, lo que podría ser lo más difícil de hacer en el mundo actual.

Vivimos en un mundo lleno de ruido y cosas que nos distraen de nuestro verdadero yo. Cuando la vida se convierte en algo demasiado difícil de manejar, ¿qué es lo primero en lo que piensa? Si está demasiado estresado en el trabajo, se toma unas vacaciones. Si tiene problemas en sus relaciones, se toma un descanso de la gente. Cuando crea un espacio para las cosas que le molestan en la vida, puede pensar con más claridad.

Practicar Reiki es un concepto similar. Debe alejarse de todas las distracciones de la vida para centrarse en sí mismo. A veces, la distracción proviene de sus pensamientos. Cuando está abrumado por pensamientos y emociones negativas, no tendrá el espacio mental para pensar en su bienestar mental y emocional. Al aprender los principios del Reiki, entenderá mejor cómo ponerlos en práctica en su rutina diaria. Echemos un vistazo a los cinco principios del Reiki y cómo implementar cada uno de ellos en su vida diaria.

Solo por hoy, no se preocupe

El primer principio del Reiki se centra en soltar el estrés y la ansiedad. Estas son las dos emociones negativas más comunes que la gente sufre a diario. Muchas cosas le hacen preocuparse durante el día. Puede que le preocupe llegar tarde al trabajo o suspender un examen o sobre el futuro en general. Todo el mundo desarrolla estos miedos y le cuesta desprenderse de ellos. Cuando está consumido por sus miedos y se preocupa por todo lo que puede salir mal, se estresa y se pone ansioso todo el tiempo. Esto hace mella en su bienestar mental y emocional, y puede que ni siquiera sea consciente de ello.

El primer principio del Reiki es recordarse a sí mismo que no debe preocuparse por las cosas que no puede controlar en la vida. No es una forma de ignorar sus sentimientos o de dejar de interesarse por los asuntos de su vida, sino que se trata de desprenderse de sus preocupaciones. Cuando deja de preocuparse, deja de lado el estrés y la ansiedad cotidianos. Empieza a centrarse en el momento actual y a no pensar en el pasado o en los resultados futuros que no puede controlar. Una vez que elimina su ansiedad, puede pensar con más claridad y tomar mejores decisiones en su vida. Cuando esté más tranquilo, sentirá que la vida está más organizada. Cuanto más practique el primer principio de Reiki, más fácil le resultará liberarse del exceso de preocupaciones.

Otras variaciones de esta afirmación son "solo por hoy, no me preocuparé" o "solo por hoy, libero mis pensamientos de preocupación".

Para poner en práctica este principio en su vida diaria, simplemente recite la afirmación en voz alta para sí mismo. Escríbala en una nota adhesiva y péguela en su espejo para poder practicarla por la mañana. Es una forma estupenda de implementar el Reiki en su rutina diaria. Siempre que se sienta estresado o ansioso, repita esta frase unas cuantas veces mientras respira profundamente. Además, utilice esta frase para establecer su intención en sus sesiones de meditación.

Piense en los acontecimientos de su vida que le hacen preocuparse. Rastree este sentimiento hasta la causa y determine si esta energía proviene de su interior. A menudo, no son los acontecimientos los que le hacen preocuparse. Es posible que ya tenga estos sentimientos en su interior, que se desencadenan cuando suceden ciertos acontecimientos en su vida. Para deshacerse de la preocupación, tiene que ser consciente de liberar estos pensamientos cada vez que le vengan. Piense en lo que le hizo preocuparse ayer. A continuación, piense en los acontecimientos pasados asociados a estos sentimientos. Pueden ser similares a la situación actual, por lo que es esencial encontrar el vínculo entre estos acontecimientos. Déjelo ir mientras exhala profundamente cuando identifique este vínculo. Pida a su ser superior que le guíe mientras practica este ejercicio. Siga repitiendo la afirmación hasta que se sienta más tranquilo. Cada vez que practique este principio, le resultará más fácil a medida que se ponga en contacto con su verdadero yo.

Solo por hoy, no se enfade

El segundo principio del Reiki podría asociarse con el primero. Después de todo, si está constantemente estresado y ansioso, acumula más sentimientos negativos. Comienza a sentir resentimiento por su trabajo o por la gente que le rodea. Es posible que no pueda soportar nada ni a nadie porque vive con un dolor constante. Es natural que desarrolle ira cuando no puede canalizar estos sentimientos de forma saludable. La ira es una de las emociones más peligrosas porque es volátil y difícil de controlar. La única manera de lidiar con la ira es aprender a dejarla ir. Se dará cuenta de que esta es la clave para deshacerse también de su preocupación.

Dejar ir su ira puede parecer imposible en ese momento concreto porque le impide ver cualquier otra cosa. Practicar Reiki le enseña a alcanzar un estado de paz interior. Por supuesto, esto no significa que nunca vaya a sentirse enfadado, pero puede ser capaz de afrontarlo mejor. La idea es liberar la ira reprimida cada día. Puede que no esté enfadado en ese momento, pero todavía puede cargar con emociones negativas que podrían desencadenarse en cualquier momento. Cuando comprenda el concepto central del Reiki, adoptará su verdadero significado y traerá armonía a su vida. Aprenderá a no quedarse con emociones negativas como la ira, la frustración o la preocupación.

Cuando practique el segundo principio, es importante que siga los mismos pasos que los utilizados para poner en práctica el primer principio. Determine qué es lo que le ha hecho enfadarse hoy o ayer y relacione esos sentimientos con acontecimientos pasados. ¿Qué desencadenó su ira? Cuando rastree este sentimiento, debe tener cuidado porque debe hacerlo como observador. Cuando piense en los acontecimientos que le hicieron enfadar, su temperamento podría aumentar. Por ello, es vital que practique el Reiki en un entorno tranquilo y se calme con un simple ejercicio de respiración o meditación. Prepararse de antemano le ayudará a gestionar sus emociones y a no distraerse de su ejercicio. Para liberar su ira, primero tiene que desalojar esta emoción de su interior y permitir que salga a la superficie antes de dejarla ir.

Una buena forma de poner en práctica el segundo principio es dar la bienvenida a los sentimientos positivos después de liberar su ira. Simplemente mencione la afirmación en voz alta diciendo: "Solo por hoy, no te enfades", "Solo por hoy, no me enfadaré" o "Solo por hoy, liberaré mi ira". Utilice la versión que le resulte más natural. Después, puede añadir una afirmación positiva como: "Doy la bienvenida a la paz, el amor y la armonía en mi vida" o "Acepto el flujo de energía Reiki a través de mi cuerpo".

No debe esperar a llegar al punto álgido de su ira para practicar el segundo principio. Establezca un recordatorio en su teléfono para practicarlo, y es mejor hacerlo a mitad de semana. Al principio de la semana, suele estar renovado del fin de semana y no estará acumulando mucho estrés o frustración. Sin darse cuenta, puede empezar a acumular negatividad al tercer día de trabajo. Por eso debe practicar este principio *antes de llegar a la ira*, ya que puede ser difícil soltarla de inmediato. Con la suficiente práctica, le resultará más fácil incluir el segundo principio en su rutina meditativa diaria.

Solo por hoy, sea agradecido

Ahora, usted empieza a centrarse en los aspectos positivos de su vida. Practicar la gratitud en Reiki es la mejor manera de dar la bienvenida a la positividad. Cuando agradece las bendiciones de su vida, toda su mentalidad cambia y empieza a ver las cosas desde otra perspectiva. Se dará cuenta de los diferentes ángulos que ha pasado por alto debido a su preocupación o enfado. El tercer principio de Reiki le recuerda que debe mirar las cosas que tiene y apreciarlas. Puede que incluso empiece a apreciar las cosas que resiente, como su trabajo y su familia. Las cargas que creía tener en su vida pueden convertirse en bendiciones una vez que se calma y mira las cosas de forma diferente.

La gratitud es la luz que brilla en nuestro interior. Es la forma en que conectamos con la naturaleza y con las personas que nos rodean. Sentirá su energía en todo lo que haga. Este sentimiento de gratitud está asociado a la divinidad o a su ser superior. Por lo tanto, cuando da la bienvenida a la gratitud en su vida, abraza la paz, la calma, la compasión y la empatía hacia los demás. Verá el mundo mucho más brillante y querrá compartir este sentimiento con todos.

Sin embargo, practicar la gratitud no es una tarea fácil. Todos nos enfrentamos a retos y luchas en la vida y a menudo nos apresuramos en la vida y nos olvidamos de entrar en contacto con nuestro verdadero yo. Nos invertimos en cosas sin sentido que desencadenan nuestras emociones negativas. El Reiki le da la herramienta para encontrar la gratitud en su vida. Le ayuda a iluminar la oscuridad en la que vive. Le permite soltar sus preocupaciones y dar la bienvenida a la gratitud en su vida.

Entonces, ¿cómo puede practicar la gratitud? No es difícil estar agradecido cuando suceden cosas buenas en su vida. Si se despierta con una mañana soleada y tiene a sus seres queridos a su alrededor, es fácil sentirse agradecido por ellos. Pero, ¿qué pasa con esos momentos oscuros en los que se siente asfixiado por las luchas de la vida? ¿Cómo puede practicar la gratitud si pierde su trabajo, rompe con su pareja o sufre una enfermedad? El primer paso es reconocer sus sentimientos y no reprimirlos. No se apresure a sentirse bien ni tome el camino más fácil recurriendo al abuso de sustancias, a comer en exceso u otras prácticas poco saludables.

El Reiki no consiste en ignorar sus sentimientos, sino todo lo contrario. *Hay que respetar esos sentimientos y sacarlos a la superficie antes de dejarlos ir.*

Cuando esté pasando por un momento difícil, tómese un momento para usted y pase un tiempo a solas para averiguar cómo manejar sus emociones. Por lo general, la mente consciente es incapaz de ponerse al día cuando se trata de procesar emocional, mental y personalmente los acontecimientos o las emociones que ha vivido; dese el tiempo y el espacio necesarios para reflexionar sobre su vida cotidiana y calibrar cómo se siente respecto a todo. Practique ejercicios de respiración y entre en contacto con sus emociones más profundas. Reconozca sus sentimientos sin culparse ni juzgarse. Cuando sienta que se ha calmado, practique el tercer principio.

Puede ser útil escribir una lista de todas las cosas que agradece en la vida. Su lista podría incluir pequeñas cosas como disfrutar de una taza de café por la mañana o despertarse junto a su pareja cada día. Puede estar agradecido por pasar tiempo con sus amigos, por cocinar una comida deliciosa o por tener un techo sobre su cabeza.

A algunas personas les gusta pensar en sus sentidos cuando practican la gratitud. Por ejemplo, puede estar agradecido por el olor del café por la mañana, por escuchar su música favorita, por observar la vista desde su ventana, por saborear una comida casera o por sentirse cálido y acogido en su sofá en una fría noche de invierno. Piense en todas las cosas que disfruta a lo largo del día y anótelas en su lista. Puede crear un tablero de gratitud en su pared y añadir notas adhesivas para todas las cosas por las que está agradecido. Esta herramienta visual le ayudará a recordar sus bendiciones y a utilizarlas cuando practique el tercer principio. Piense en los elementos de su lista mientras dice en voz alta: "Solo por hoy, sea agradecido", "Solo por hoy, contaré mis bendiciones y honraré a mi familia, maestros y amigos". Puede añadir elementos a su declaración para incluir las cosas por las que está más agradecido.

Solo por hoy, haga su trabajo con honestidad

Este principio puede parecer obvio, pero no solo se refiere a hacer bien su trabajo. Se refiere a mostrar integridad en todo lo que hace, ya sea su trabajo, el cuidado de sus hijos, la realización de las tareas domésticas o el voluntariado para una organización benéfica. Se trata de ser fiel a uno mismo y de encontrar su verdadero propósito en la vida. Se necesita mucho esfuerzo y, para algunas personas, toda una vida para comprender realmente cómo pueden manifestar su presencia y propósito únicos en la vida.

Empiece por ser fiel a cada tarea que realice. Esto implica encontrar lo que le apasiona porque no puede ser honesto con su trabajo cuando hace cosas que le disgustan. Esto no significa que no vaya a tener que esforzarse por hacer las cosas que le gustan. Cada viaje tiene sus retos y es posible que fracase numerosas veces antes de alcanzar sus objetivos. Hay una diferencia entre sentirse frustrado por un proyecto en el trabajo y sentirse insatisfecho con el propio trabajo. Muchas personas aceptan trabajos que les aseguran el futuro o les aportan estabilidad, lo cual no es malo. Pero es imprescindible ser fiel a uno mismo en la medida de lo posible para trabajar honestamente.

Cuando uno trabaja duro, da todo lo que tiene en cada tarea. Si quiere estar físicamente en forma, lo consigue trabajando duro cada día. Si quiere construir un mueble de cocina, debe ser preciso para conseguir un buen resultado. Si quiere ayudar a los demás, debe hacerlo de corazón, sin quejarse. Este es un concepto central del Reiki porque el trabajo honesto da estructura a su vida. Le da un sentido de propósito y de logro. De lo contrario, se pierde y pierde su tiempo haciendo cosas sin sentido que nunca le aportan alegría o paz.

Trabajar con honestidad significa que usted aporta lo mejor de sí mismo en todos los aspectos de su vida. Cuando pase tiempo de calidad con sus hijos, présteles toda su atención. Cuando salga con sus amigos, no pase la mayor parte del tiempo en su teléfono revisando las redes sociales, aunque ellos se sientan inclinados a hacerlo. Anímelos a jugar un partido de baloncesto, a ver una película juntos o a mantener una conversación significativa. Cuando practique la mediación, debe ser consciente de esta práctica. Centre su atención en su interior. El tiempo que programe para todo y para cada persona en su vida tiene que estar dedicado únicamente a ese propósito. De este modo, se sentirá fiel a sí mismo, encontrará las cosas que le apasionan y podrá disfrutarlas.

Cuando practique el cuarto principio, sea consciente de las distracciones que le rodean. Si se distrae de la actividad que está realizando, no podrá prestarle toda su atención, es decir, *no podrá hacerlo con honestidad*. Al igual que apaga el teléfono mientras trabaja, debe evitar utilizarlo cuando pase tiempo de calidad con sus seres queridos. No puede hacer dos cosas al mismo tiempo - al menos, no bien. Cuando se concentra en una cosa a la vez, la disfruta y la hace de corazón.

La próxima vez que cocine una comida para su familia, concéntrese solo en los ingredientes y en cómo cocinar cada cosa a la perfección. Esta práctica es terapéutica porque se centra en una sola cosa, lo que hace menos probable que afloren las emociones negativas. Practique este enfoque en todo lo que haga y verá la diferencia. El trabajo honesto es un principio fundamental en el Reiki. Le permite estar agradecido por sus bendiciones y le ayuda a practicar el dejar de lado sus preocupaciones y centrarse en el momento presente.

Con el rápido ritmo de vida, es fácil olvidar este concepto. Diciendo el cuarto principio en voz alta, se recuerda a sí mismo que debe dar lo mejor de sí mismo en todo lo que haga. Dígase a sí mismo: "Solo por hoy, haga su trabajo con honestidad" o "Solo por hoy, haré mi trabajo con honestidad". Cuando practique los tres primeros principios cada día, será más fácil incluir el cuarto principio.

Al practicar este principio, no se sorprenda si empieza a organizar su oficina o a crear una lista de tareas para las cosas que debe realizar. La verdad es que cuando le presta a todo lo que hace la debida atención, se da cuenta de que tiene tiempo para incluir más cosas en su agenda. Puede que incluso sienta algo diferente por su trabajo o que se dedique a una nueva afición. Puede que decida viajar a nuevos lugares y explorar el mundo. No importa lo que decida, lo que más importa en su vida, se vuelve más claro y se centrará en sus pasiones.

Trate a todos los seres vivos con amabilidad

El quinto principio se centra en la práctica de sintonizar su mente y sus emociones en un espacio de sensibilidad y empatía hacia cada ser vivo que le rodea; aunque normalmente no se lo piense dos veces sobre ese gato que ronda fuera de su casa, este principio se centra en sintonizar con su entorno. También incluye ser amable consigo mismo. A veces, podemos ser nuestros peores críticos. Nos culpamos a nosotros mismos de nuestros errores pasados, lo que hace que nos quedemos con esas emociones negativas. Al tiempo que nos proponemos ser compasivos con los demás, también debemos centrarnos en ser amables con nosotros mismos.

Cuando practica la amabilidad hacia los demás, permite que haya sentimientos positivos en su vida. No deja que la ira se apodere de usted ni que se enfade con la gente por haberle hecho daño. Ser compasivo le ayuda a ser indulgente, y el perdón tiene el mismo efecto que la gratitud. Alivia su alma de la carga de la ira y la injusticia que sufrió, le permite curarse de sus heridas y le da la oportunidad de seguir adelante.

Mostrar amabilidad y misericordia a las personas, a los animales e incluso a la naturaleza transforma la energía negativa en energía positiva. Cuando cultiva la amabilidad, cosecha sus beneficios casi al instante. Se sentirá mejor consigo mismo y pronto descubrirá que ya no está ansioso ni deprimido. Su amabilidad y compasión motivarán a otros a devolverla y mostrar a otros la misma amabilidad.

Sin embargo, ser amable con los demás no siempre es fácil. Requiere mucho trabajo y autorreflexión. Puede que sea capaz de desprenderse de su ira, pero es otra historia la de ser compasivo con todo el mundo -incluso con las personas que le han hecho daño- porque a veces la ira tiene repercusiones de las que no es consciente. Puede que esté de mal humor con las personas que le rodean, aunque no hayan desencadenado su ira. Puede que todavía tenga restos de preocupaciones o tristeza con los que no ha lidiado. La idea no es forzarse a ser amable con la gente, sino que debería surgir de forma natural después de practicar Reiki de forma consciente y regular. Hay una razón por la que ser compasivo con los demás es el último principio, y es el más difícil de practicar. Primero tiene que repasar los principios, entenderlos y ponerlos en práctica en su vida. Se enfrentará a altibajos en su viaje, pero es importante aceptar estas luchas. Como se ha dicho anteriormente, dejar de lado sus emociones negativas no significa desprenderse de ellas. Tendrá que hacer el trabajo para ser testigo de una diferencia en usted mismo.

Practicar el quinto principio hace que su viaje se complete. Inclúyalo en su rutina diaria simplemente diciendo en voz alta: "Solo por hoy, sea amable con todo ser viviente" o "Solo por hoy, seré amable con mi prójimo y con todo ser viviente". Es un recordatorio para conducir su vida mostrando compasión y amabilidad con todo lo que le rodea.

En este capítulo se han tratado los cinco principios del Reiki y cómo ponerlos en práctica en su vida. Recuerde que debe seguir el proceso paso a paso y ser consciente cuando practique cada principio. Estos principios son el concepto central del Reiki, y lo primero que debe practicar es *entrar en contacto con su verdadero yo*.

Capítulo 7: Meditación y trabajo energético básico

Los cinco principios de Reiki se centran en la atención plena y ayudan a mejorar la calidad de vida cuando se siguen correctamente. Estos principios le permiten llevar una vida consciente y alejar las energías negativas y el estrés acumulado tras un día agotador. Sin embargo, es importante entender que puede llevar tiempo y práctica aprovechar adecuadamente las energías positivas de los principios de Reiki en su vida diaria. La atención plena es una práctica conductual importante que despeja la mente de pensamientos no deseados que afectan a la energía y ayuda a vivir en el momento presente de ser uno mismo. La mente y la energía tienen una magnífica relación. Una mente distraída siempre fracasará a la hora de mantener el flujo de energía. La meditación ayuda significativamente a comprender mejor el ser interior y le permite explorar los 5 principios del Reiki a través de su perspectiva. Antes de conocer la experiencia de la meditación Reiki, es imprescindible saber cómo realizar técnicas sencillas de respiración, conexión a tierra y blindaje.

Empiece por ponerse cómodo en el entorno que le resulte más seguro para relajarse. Por ejemplo, la gente encuentra cómodos sus dormitorios o salones para practicar la meditación de Reiki. El lugar que elija para realizar estas prácticas estará lleno de la energía de su interior. Por lo tanto, acostúmbrese a meditar en el mismo lugar para lograr la máxima tranquilidad y relajación para obtener los mejores resultados. Es importante que deje de lado cualquier distracción que pueda perturbarle durante su rutina de meditación, como su teléfono inteligente. Además, asegúrese de que nadie le moleste. Llevar ropa suelta ayuda a adoptar una posición cómoda.

Prácticas de respiración

Aprovechar el verdadero potencial de la respiración le hace ser consciente y estar al tanto del presente. La respiración actúa como un vehículo que transporta la energía y permite una adecuada distribución de la misma antes de iniciar una sesión de Reiki.

He aquí una sencilla técnica de respiración a seguir:
- Siéntese en una posición cómoda manteniendo la espalda lo más recta posible.
- Evite poner demasiada tensión en su columna vertebral para mantenerla recta.

- Comience a inhalar lentamente por la nariz e imagine el flujo de energía del aire que respira entrando en su cuerpo.
- Detenga la respiración durante unos 3 segundos y exhale lentamente por la boca.
- Empiece a respirar un par de veces profundamente hasta que se sienta relajado.
- Imagine que expulsa los pensamientos o emociones preocupantes para ayudarle a entrar en un estado de meditación profunda.

Prácticas de conexión a tierra y blindaje

Mantener sus límites energéticos es crucial, ya que ayuda a prevenir el agotamiento innecesario de su energía. Las técnicas de conexión a tierra ayudan significativamente a establecer los límites y se recomienda practicarlas antes, durante y después de una sesión de meditación. He aquí una técnica básica de conexión a tierra:

- Los pies deben estar siempre apoyados en el suelo.
- Si las condiciones ambientales lo permiten, mantenga los pies descalzos y en contacto con el suelo.
- Después de una sesión terminada, pase las manos bajo el agua fría para conectar a tierra su energía.
- Durante una sesión con su compañero de sanación, conecte a tierra su aura barriendo con sus manos el aura que visualiza a su alrededor y tocando con sus manos el suelo. Por último, ofrézcale un vaso de agua.
- Puede conectarse a tierra después de una sesión poniéndose en posición vertical y visualizando raíces que crecen desde sus pies hasta el suelo.
- Mientras visualiza las raíces creciendo profundamente en la tierra, imagine que libera la ansiedad, el estrés, la negatividad y cualquier otra emoción negativa a través de las raíces hacia la tierra. Puede sentir que sus pies están firmemente en contacto con el suelo en este punto.
- Visualizar una luz blanca brillante fluyendo por su cuerpo

y llenando cada rincón le ayudará a calmarse y relajarse.

- Para practicar el blindaje, imagine una luz blanca recta y brillante que emerge del centro de su cuerpo y que recorre de la cabeza a los pies. Ahora, visualice la misma luz formando una burbuja alrededor de su cuerpo.

- El blindaje se practica para evitar los efectos energéticos negativos, pero permite la interacción con las energías positivas.

- Las personas con experiencia adecuada en el blindaje pueden hacer que su burbuja protectora sea pequeña o grande, según la intención.

La meditación y la mente

La mayoría de la gente tiene la idea equivocada de que la meditación consiste en sentarse tranquilamente en un lugar que ayuda a despejar la mente. Sin embargo, estas técnicas de meditación pueden utilizarse por varias razones, entre ellas:

- Explorar su interior y lograr el equilibrio en la vida.

- Explorar las causas profundas de sus emociones.

- Ser consciente de sí mismo.

- Mejorar el sentido, el flujo y el control de la energía.

- Desarrollar una comprensión de los pensamientos que conducen a las distintas emociones.

En la meditación, una persona utiliza varias técnicas para mejorar su atención y conciencia del presente, despejar la mente nublada y lograr un estado emocionalmente estable. La meditación constante ayuda a mejorar la conciencia de uno mismo y del entorno a lo largo del tiempo. Además, la meditación en cualquiera de sus formas nos da el control de la mente racional y es una forma de experimentar la realidad utilizando nuestros aspectos ocultos. Los practicantes experimentados practicarán la meditación con eficacia, pero esta beneficia a todos los practicantes independientemente de su nivel de habilidad. En última instancia, la meditación ayuda a desarrollar la conciencia y la atención, lo que facilita la depuración de los pensamientos y la exploración de los aspectos de uno mismo que podrían estar previamente ocultos.

Cuando empiece a practicar la meditación, es posible que se adormezca o se quede dormido durante una sesión, ya que el cerebro está mal programado para procesar los pensamientos después de despejar la mente. Si se atiene a la rutina mientras utiliza los 5 principios del Reiki, poco a poco mejorará los resultados de la meditación con el tiempo. Es importante comprender que tiene que acostumbrarse a su energía y a su umbral y comprender completamente sus aspectos espirituales para trabajar con la energía. La meditación es, sin duda, la clave para alcanzarlos y vivir la vida con valores más elevados. A medida que aumentan los niveles de conciencia, la energía positiva experimentada durante la meditación se irradia a nuestra vida. Ser más consciente también aumenta el índice de energía, lo que permite dar cabida a la intuición y dejar que la mente piense más allá de los aspectos físicos.

Trabajar con la energía y comprender sus aspectos es crucial en la meditación de Reiki. Pueden surgir efectos negativos si se practican estas técnicas sin el conocimiento adecuado. Practique con diligencia los siguientes pasos para empezar a realizar la meditación de Reiki con regularidad y confianza:

- Paso 1

Siéntese en una posición cómoda y prepárese para la meditación. Tómese su tiempo para ponerse cómodo y dejar de lado los pensamientos que puedan distraerle durante la sesión. Como se ha mencionado anteriormente, asegúrese de estar sentado en una postura firme y comience la técnica de respiración para dejar que el flujo de energía irradie por todo el cuerpo. Además de utilizar las prácticas de respiración, debe realizar las prácticas básicas de limpieza, conexión a tierra y blindaje mencionadas anteriormente.

- Paso 2

A medida que vaya adquiriendo el control total de su mente racional, continúe respirando profundamente hasta que sienta el impulso de cerrar los ojos. Ahora puede centrarse en su respiración mientras cierra los ojos y permita que el cuerpo entre en un estado de relajación. Observe el movimiento de su pecho al inhalar y exhalar. La inhalación expande sus pulmones al tiempo que eleva el pecho, mientras que el aire exhalado baja el pecho al tiempo que los pulmones se encogen. Ahora, respire con normalidad y dirija su atención a despejar cualquier pensamiento que le distraiga.

- **Paso 3**

Mantenga su atención en el presente mientras despeja las emociones negativas que nublan la mente. Deshágase de estos pensamientos y emociones para dejar espacio a la experiencia de la atención plena. Puede llevarle un par de minutos centrarse en la sesión y dejar de lado las energías negativas. Si siente que no puede mantener la concentración, devuelva su atención a la respiración hasta que recupere la conciencia del ahora. Tras alcanzar un estado de relajación, muchas personas utilizan el símbolo Choku Rei para permitir el flujo efectivo de energía a través del cuerpo. También pueden visualizarse otros símbolos en función de los objetivos de meditación que se proponga alcanzar.

- **Paso 4**

Hasta ahora, debe tener una idea clara de que la energía Reiki es la fuerza vital que lleva en su interior. Concéntrese en esta energía para que resurja y se irradie por todo el cuerpo. Algunas personas pueden sentir una sensación de hormigueo a medida que la energía viaja a diferentes zonas del cuerpo. Manténgase relajado durante esta sensación y registre la sensación como flujo de energía Reiki. A medida que el flujo de energía mejora, puede sentirse ligero y experimentar una sensación de flotación. Dirija lentamente su atención hacia los pies y los dedos de los pies, permitiendo que la energía fluya allí. Deje que la energía se sumerja hasta que lo considere oportuno, y deje que se desplace hacia arriba. En este punto, existe la posibilidad de que sienta un picor en los pies; debe ignorarlo.

- **Paso 5**

Concentre la energía en las partes del cuerpo que crea que necesitan más atención y sanación. Mientras deja que la energía fluya desde las piernas, dirija su energía a todos los sistemas de órganos principales hasta llegar a la cabeza. Esta sencilla práctica de regular la energía Reiki dentro del cuerpo le ayuda a acostumbrarse al flujo de energía y a mejorar los resultados. Regule este flujo de energía al menos tres veces para experimentar el efecto completo. Cuando el cuerpo alcanza su máximo estado de relajación, la respiración se ralentiza de forma natural. Ahora, mientras mueve la energía Reiki de los pies a la cabeza por última vez, establezca una clara intención de extinguir cualquier negatividad que afecte a la mente y al cuerpo. Visualice que inhala energía pura y exhala la energía negativa.

- Paso 6

Una vez que se haya limpiado por completo de energías negativas, deje que la energía fluya y se distribuya uniformemente por el cuerpo visualizando la energía colectiva que se asienta. La sensación de que el cuerpo se vuelve pesado la experimenta normalmente la mayoría de las personas. Tómese su tiempo para adaptarse a la pesadez y tome lentamente conciencia del momento presente. Puede visualizar el símbolo de finalización, Raku, mientras completa la sesión. Finalice la meditación de Reiki blindando su cuerpo de la energía negativa y protegiendo la energía pura dentro del cuerpo. Tómese un momento para relajarse y abrir los ojos.

- Paso 7

Cuando tenga los ojos abiertos, no cambie de postura. Cuando la energía se asiente en el cuerpo, descanse un rato y revise su experiencia de meditación de Reiki. Es posible que se sienta totalmente energizado o que experimente agotamiento por haber utilizado demasiada energía. Además, fomente el flujo de energía bebiendo un vaso de agua y devolviendo la mente al estado presente.

Comprender el flujo del Reiki

El primer grado de Reiki que se experimenta proviene del universo, y esta energía universal puede canalizarse a través de las manos, la mirada, la respiración o interactuando con el aura. La energía Reiki se extrae del aire, se canaliza a través de los pies hacia la tierra y fluye de forma natural hacia las zonas del cuerpo donde más se necesita. Las manos son la parte típica del cuerpo que se utiliza para sentir y canalizar la energía Reiki. Leerá sobre esto en los próximos capítulos. Siempre que el Reiki fluye, crea una sensación. Algunos pueden sentir picor u hormigueo, mientras que otros experimentan calor o sensaciones de empuje y tirón cuando trabajan con la energía.

Cada vez que realice una meditación de Reiki, establecer una intención clara es crucial, ya que actúa como fuerza motriz del Reiki. Ya que tiene una idea de lo básico, vamos a explorar varias técnicas de meditación, incluyendo las técnicas de meditación Gassho y Gokyo-ho del Dr. Usui.

La meditación Gassho

Las personas a las que les resulta abrumador asentarse dentro de su energía deberían considerar la posibilidad de practicar la técnica de oración de Gassho del Dr. Usui. El significado de Gassho es mantener las dos manos juntas. El Dr. Usui recomendaba utilizar esta técnica antes de cada sesión de Reiki. Se puede hacer después de despertarse del sueño o antes de acostarse; tampoco es necesario que sea una práctica solitaria como probablemente esperaría. Puede incluir a sus seres queridos en su círculo de meditación. Después de practicar Gassho durante unos tres días, empezará a experimentar los efectos de un mejor manejo de la energía Reiki. Sin embargo, algunas personas pueden sentirse irritables e inquietas después de realizar la técnica, lo que significa que no es adecuada. Dirigir nuestra mente racional y dejar de lado los pensamientos negativos puede resultar a veces difícil, incluso para personas experimentadas en la meditación. He aquí cómo realizar el Gassho:

- Siéntese o póngase de pie, manteniendo la columna vertebral lo más recta posible.
- Cierre los ojos, junte las manos y colóquelas delante del pecho. Los pulgares deben apuntar hacia su chakra del corazón.
- Reúna su atención y concéntrese en el lugar donde se unen los dos dedos centrales o en la zona central de las palmas. En este punto, desidentifíquese de todo. Si surge algún asunto urgente, revise el pensamiento y déjelo atrás.
- La idea de la meditación es relajarse, así que no se estrese si le cuesta manejar los pensamientos. Siempre puede volver a centrar su atención en la zona entre los dedos centrales cuando se sienta distraído.
- Las personas a las que les resulte difícil mantener las manos frente al pecho durante 20 minutos pueden dejar que las manos desciendan y continuar con la meditación.
- Debido al flujo de energía, es posible que sienta calor en las manos o en la columna vertebral, lo que le incomodará si no ignora la sensación. Vuelva a concentrarse en la zona donde se juntan los dos dedos centrales.
- Si le resulta incómoda la posición, cámbiela lentamente, pero sea consciente del cambio.
- Las personas con problemas de columna vertebral pueden utilizar una silla o almohadas para mejorar su posición.

La práctica espiritual del Reiki mejora significativamente con la práctica de la meditación Gassho. Puede calmar fácilmente el sistema nervioso y ayudar a enfocar mejor la energía proporcionando un punto focal en el que centrarse si un pensamiento irrelevante le influye. En definitiva, esta técnica de meditación ayuda a desarrollar la paz interior, le da un sentido al propósito de su vida y ayuda a explorar sus perspectivas espirituales.

Meditación Gassho Kokyu-Ho

El Gassho Kokyo-ho, otra técnica de meditación enseñada por el Dr. Usui, es un método de respiración para limpiar el interior. Varias formas de artes marciales utilizan variaciones de la misma técnica para lograr la concentración y mejorar el flujo de energía en todo el cuerpo. Para mantener la energía, se puede practicar fácilmente el Gassho Kokyo-ho. Esta meditación se practica sentado sobre los talones, lo que se llama la *seiza*. Sin embargo, si a alguien le resulta difícil sentarse sobre los talones, cualquier postura cómoda es aceptable, siempre que la columna vertebral se mantenga recta. Estos son los pasos que puede seguir para practicar esta técnica.

- Mientras mantiene la columna vertebral recta, comience a inhalar por la nariz y deje que el aire y la energía Reiki fluyan hacia el cuerpo.
- Cierre los ojos y coloque las manos en una posición cómoda sobre su regazo. Concéntrese en su respiración y deje que su mente se sumerja en la serenidad.
- Con la práctica constante, la intensidad de la energía aumenta.
- Enfoque su energía en la zona entre el ombligo y la pelvis, conocida como el *tanden*.
- Aumente su concentración, observe los ritmos naturales de la respiración y sea consciente de ella.
- Cuando experimente una respiración sin esfuerzo, junte las manos en posición de mano Gassho.
- Ahora redirija su conciencia hacia la zona entre los dedos centrales. Visualice la energía moviéndose desde sus manos hasta el tanden.
- Tome conciencia lentamente del aumento de energía en el tanden con cada respiración. Mantenga esto durante todo el tiempo que se sienta cómodo y correcto.

El tanden es el centro del cuerpo y es una zona vital para practicar las posiciones de las manos enseñadas por el Dr. Usui. Recuerde, sea suave al realizar las técnicas de meditación mencionadas. El objetivo final es lograr la relajación y la paz mientras se cuida el bienestar físico. Prácticas como estas nutren el cuerpo y el alma con energías positivas y eliminan las energías negativas. Después de practicar el Gassho Kokyu-ho, sentirá que el tanden se llena de energía que se regula a través del cuerpo para reenergizarse. Así es como se practica un ejercicio de respiración tanden.

- Póngase en posición vertical con la columna vertebral recta y coloque los pies paralelos entre sí.
- Doble las rodillas hasta una posición en la que sienta el punto central del cuerpo por debajo del ombligo. Mientras se esfuerza por mantener esta posición en su sitio, toque el paladar y los dientes delanteros con la lengua mientras respira profundamente.
- Deje que la lengua se hunda en su posición original al exhalar.

He aquí un rápido repaso de una sesión de Reiki para ayudarle a hacerse una idea clara de las prácticas que puede seguir:

- Dese tiempo para entrar en un estado de relajación y meditación.
- Utilice la intuición para explorarse a sí mismo y mejorar la autoconciencia.
- Antes de comenzar la sesión, practique la meditación Gassho.
- Mientras practica el Gassho, ábrase a la energía Reiki y exprese su gratitud.
- Practique el autotratamiento, haga que la iluminación sea ambiental y mantenga una temperatura interior agradable.
- Inicie el flujo de Reiki permitiendo que la energía fluya y concéntrese en la sesión de Reiki.
- Al terminar la sesión, lleve las manos de nuevo a Gassho y exprese su gratitud hacia la energía Reiki que fluye a través de usted y del universo.
- Al final de cada sesión, conecte su energía a tierra para mantener el cuerpo energizado y proteger su mente de las energías negativas.

Meditación del sol y la luna

El sol y la luna representan la dualidad y sin embargo son completamente opuestos. El sol es una gran bola de fuego activa que emana luz y calor. Es el centro de atención de la vida, ya que todo necesita luz para existir.

La luna es estancada, fría, perezosa e inactiva, pero al mismo tiempo profundamente misteriosa. Sin embargo, en su estado sin vida, la luna crea vida.

Sin la fuerza gravitatoria entre el sol y la luna, la vida no podría existir en la Tierra. No tendríamos la belleza de las mareas. No tendríamos la energía.

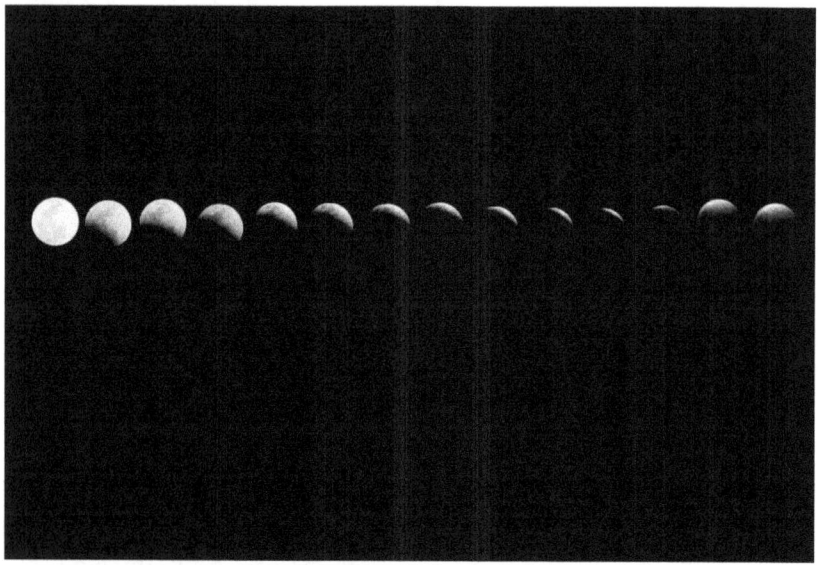

En la filosofía y la meditación, el sol representa nuestro mundo exterior - la identidad y la personalidad, y la luna representa nuestro mundo interior - las emociones y los deseos.

El Reiki en meditación lunar se centra en los deseos personales, como las relaciones, la riqueza y la salud. Siga estos pasos bajo el majestuoso ambiente de la luna:

- Póngase en una posición cómoda, despejando su mente y sus pensamientos, centrándose en la energía de la luna
- Rece una oración solicitando un canal abierto para que fluya la energía Reiki y dé las gracias a los guías que le

asisten.
- Mueva sus manos cautelosa y lentamente sobre los chakras empezando por la base, sin tocar el cuerpo.
- Continúe invocando a sus guías a medida que pasa por cada chakra, estableciendo claramente su intención y permitiendo que ellos manifiesten su energía.
- Medite durante el tiempo que se sienta cómodo, centrándose en la energía de la luna para manifestar su intención.
- Agradezca a sus guías por ayudarle y vuelva al presente

Trabajo energético básico

Con el suficiente esfuerzo y práctica, el Reiki puede ayudar a canalizar la energía a través del cuerpo y mejorar la capacidad de autocuración. El practicante solo actúa como un medio factible para que la energía fluya adecuadamente. Como se ha mencionado anteriormente, las manos son el medio más común para el flujo de energía. Las manos actúan como un canal de energía de fuerza vital que da a los Maestros Sanadores de Reiki la capacidad de sanar a otros y transferir energía. He aquí un ejercicio básico para sentir la misma energía en las manos:

- Siéntese en una posición cómoda manteniendo la postura recta.
- Tómese su tiempo para respirar profundamente y concéntrese en la respiración para mejorar la conciencia.
- Relaje lentamente su mente y sepárese del cerebro racional mediante el proceso de nublar la mente.
- Acerque sus manos con las palmas hacia adentro. Mantenga una distancia de 5 cm entre ambas manos.
- Realice movimientos cortos y lentos hasta que sienta una sensación de hormigueo, calor o presión entre las palmas. Algunas personas también sienten una sensación de repulsión entre ambas manos, similar a la de los imanes.
- Redirija su atención a las palmas de las manos respirando de forma constante y profunda.
- Visualice el flujo de energía desde el cuerpo hasta el

espacio entre las manos, aumentando con cada respiración.

- Si no experimenta una sensación de presión creciente, es probable que se distraiga.

He aquí otro sencillo ejercicio para experimentar la energía entre las manos. Normalmente se crea una bola de chi (Qi) para regular adecuadamente la energía durante las sesiones de curación. Hasta ahora, ha desarrollado una comprensión básica del flujo de energía, los chakras y las formas de canalizar su energía espiritual. Las manos se utilizan como medio de canalización de la energía en este ejercicio de creación de una bola de chi. Recuerde, mientras practica esta técnica de canalización de energía, intente no agotar su energía, sino actuar como medio para canalizar la energía universal ya disponible. Estos son los pasos a seguir:

- Busque un lugar cómodo donde pueda practicar la técnica con facilidad.

- Colóquese en una posición cómoda y empiece a respirar profundamente para relajar la mente.

- Deje de lado las preocupaciones y los problemas que le distraen mientras se concentra en la respiración. Establezca intenciones claras de sentir la energía y canalizarla entre sus manos.

- Cuando haya despejado su mente, respire profundamente e imagine que una luz blanca se cierne sobre la cabeza y la llena de energía.

- Imagínese empujando su energía hacia la tierra y recibiendo luz a cambio, llegando frente a la tierra, llenando cada uno de los chakras del cuerpo y se conecta con la energía universal que se cierne.

- Ahora puede visualizar la energía llenando el cuerpo y acumulándose entre las palmas. Si se frotan las palmas y se alejan entre sí, se experimenta al instante una sensación de tirón.

- Siga acercando y separando las manos entre sí hasta que sienta una bola de energía entre las manos.

- Concéntrese en esa pequeña bola de energía entre las

manos mientras las frota.

- Cuando inhale, imagine que la pequeña bola de energía se expande en las manos y aumenta de tamaño. Al exhalar, las manos se acercan, disminuyendo el tamaño de la bola de energía.
- Este sencillo ejercicio de percepción de la energía solo le llevará unos minutos.

Capítulo 8: Activación del Reiki y la autosanación

La energía presente en su cuerpo que obtiene del universo puede utilizarse de muchas maneras. El Reiki es un poderoso ejemplo de cómo puede curar cualquier problema utilizando su energía y alterando la energía del cuerpo de los receptores. Sin embargo, hay más de lo que parece, aunque sea una idea sencilla. Esto es lo que debe saber sobre el uso del Reiki para sanar de manera eficaz.

Activación del Reiki

El primer paso es activar la energía dentro de su cuerpo y ayudar al cliente a prepararse para el tratamiento. El Reiki se realiza directamente sobre el cliente o a distancia, cuando usted no está con el cliente en la misma habitación. En cualquiera de los dos casos, el proceso para activar la energía sigue siendo el mismo.

Recepción de la energía

Todos tenemos energía Reiki en nuestro interior. Sin embargo, la diferencia entre un Maestro sanador y un practicante medio es que el Maestro sabe cómo acceder a esta energía, multiplicarla y dirigirla hacia otra persona para su beneficio. Primero hay que hacer fluir la energía para que se inicie el proceso. Algunas personas prefieren empezar con una oración, mientras que a otras simplemente les gusta empezar con la meditación. La elección es suya. Lo importante es tener una estrategia en la que confíe y crea. El Reiki no funciona para algunas personas porque simplemente no creen en él y no confían en que sus cuerpos se beneficien de la energía del universo. Su confianza en este concepto debe ser concreta como sanador. Puede ser difícil creer cuando se está empezando, ya sea para curarse a sí mismo o a otra persona, cuando no ha visto ningún resultado o no ha sentido la energía usted mismo. Sin embargo, si mantiene una mente abierta, pronto experimentará este fenómeno.

Piense en su chakra de la corona expandiéndose y abriéndose y absorbiendo energía positiva del universo en su estado de meditación. Al mismo tiempo, visualice su energía positiva creciendo. Piense en esto como una sensación de calor en su cuerpo, sienta que la energía se extiende alrededor de su cuerpo y visualice que su aura se hace más grande y más fuerte. En este punto, algunos Maestros entonan una oración audible pidiendo a sus guías espirituales conscientes fuerza y orientación. Sienta cómo se hincha de luz y energía, y deshágase de cualquier emoción y pensamiento negativo que tenga en este momento.

Canalización de la energía

Concéntrese en la energía que fluye desde el chakra de la corona hacia su corazón. Concéntrese en cómo fluye hacia sus brazos, hacia sus manos y se libera a través de sus palmas. Debe visualizar todo este camino para dar dirección a la energía y no desperdiciarla dejando que se escape de toda su aura. Establecer un camino definido para la energía le ayuda a atraer más energía a través del chakra de la corona, ya que tiene un camino claro por el que fluir. Como sanador, su trabajo consiste únicamente en canalizar la energía hacia la persona que la necesita. Cuanta menos distorsión tenga y menos fricción experimente la energía al fluir a través de usted, más energía y de mejor calidad canalizará. Al igual que el agua que fluye por una tubería, si la coloca correctamente y se asegura de que está en buenas condiciones, mueve el agua mucho mejor que una tubería con múltiples codos, fugas y un interior atascado.

Incluso si no está preparado para curarse todavía, junte las palmas de las manos de forma que queden una frente a la otra y sienta cómo la energía fluye por sus palmas. Siéntela haciendo un circuito completo a través de su cuerpo e intentando elevar la vibración de la energía. Ayuda visualizar esto como un rayo de energía que fluye de una palma a la otra, y a medida que se hace más fuerte, el diámetro de los rayos crece, y el color se hace más claro y brillante.

Sellar la energía

Una vez que haya completado la sanación, es importante terminar el proceso con claridad y señalar a la energía que ha llegado el momento de impedir que la energía adicional fluya y se contenga en el cuerpo. Algunos practicantes prefieren terminar la sesión de curación lavándose las manos para señalar a la energía que el proceso ha terminado. Algunos se alejan del lugar donde estaban sanando y del objeto de la terapia. Hacen un gran círculo con los brazos y terminan el movimiento con los brazos cruzados sobre el pecho para señalar que la curación ha terminado. Otros prefieren inclinarse y rezar una oración de agradecimiento y tomarse unos momentos para volver a un estado mental más tranquilo. El objetivo principal es realizar movimientos definidos que dejen claro que el proceso ha terminado. Igualmente importante es que el cliente practique alguna forma de sellado para asegurar la contención de la energía dentro de su cuerpo, y esto también sirve como "enfriamiento" después de la curación. El sellado de la energía completa el círculo de la curación y permite que la energía dentro del cuerpo permanezca allí cómodamente y haga lo que tiene que hacer para la mejora de la persona.

Utilizar el Reiki para sanar

El cliente debe hacer algunas cosas para prepararse para recibir la energía, al igual que el sanador se prepara.

Un paso esencial es recordar que está asistiendo a una sesión de Reiki, abrirse a la posibilidad de que la energía del universo le ayude a superar su problema y permitir que la energía influya en su estado actual. Además, ponga en perspectiva que se trata de un tratamiento. Aunque no lo sienta así, recuerde que es necesario para curarse. Piense en el Reiki como en tomar su medicina, y es necesario hacerlo, aunque no le apetezca especialmente.

El Reiki es un proceso continuo. Una sola sesión no dará resultados, así que, si piensa practicarlo en usted mismo, saque tiempo para al menos dos sesiones al día. Pueden ser sesiones breves, pero hágase un tiempo con regularidad: una por la mañana y otra por la noche son las que mejor funcionan.

Póngase en una posición cómoda que pueda mantener durante la duración del tratamiento. Ya sea que se acueste, se siente, se apoye en algo o incluso que prefiera hacerlo de pie, todas las posiciones están bien siempre que pueda relajarse y concentrarse en esa postura.

Cuando practique el Reiki en usted mismo, debe tener el espacio para usted. Si está trabajando con un experto, entonces solo ustedes dos deben estar en ese espacio. Además, si tiene mascotas, asegúrese de que estén en otro lugar. Además, la zona debe ser un lugar neutro, en el que no esté rodeado de distracciones y, sobre todo, cómodo.

Si prefiere que suene una música suave y tranquilizadora, hágalo. Vístase como quiera; solo asegúrese de que el entorno esté limpio y ordenado. También está bien si quiere estar en la naturaleza, en el parque o en cualquier otro lugar.

Posiciones de las manos

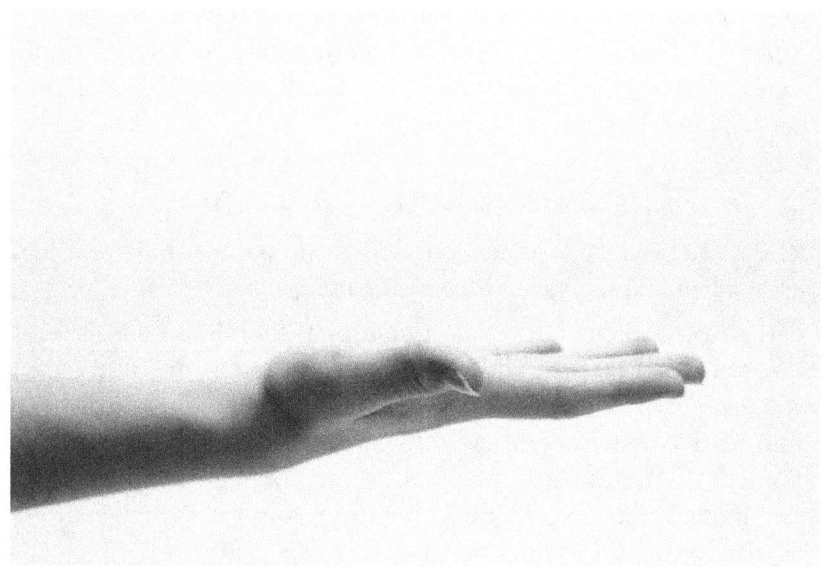

Posición 1

La posición 1 se utiliza para comenzar cualquier trabajo de curación con Reiki. Se trata de calmarse y llevar el cuerpo y la mente a una profunda conexión meditativa. Junte las manos, con las palmas tocándose, y manténgalas en el centro del pecho como si estuviera rezando. Algunas personas prefieren mantenerlas directamente bajo la barbilla, mientras que otras prefieren mantenerlas en el centro del pecho. Ambos lugares funcionan igualmente bien. Cierre los ojos y sintonice con todo lo que le rodea; empiece a visualizar lentamente el flujo de energía que pasa por todos los rincones de su cuerpo. En este punto, puede rezar una oración a sus guías espirituales o permanecer en silencio y concentrarse en su respiración. Respire con una inhalación y una exhalación calculada, consistente y lenta.

Posición 2

En la segunda posición, coloque las manos en el cuero cabelludo de su cabeza. Las muñecas deben estar directamente por encima o ligeramente por delante de las orejas, cerca de la zona de la sien, y los dedos deben apoyarse suavemente en el cuero cabelludo. No pasa nada si sus dedos se superponen o se cruzan. El objetivo es relajar los músculos del cuero cabelludo y permitir que la energía relaje su mente. Sienta cómo la energía calmante fluye por toda su cabeza.

Posición 3

Coloque las manos sobre la cara con las yemas de los dedos apoyadas en los ojos. La palma de la mano cubre la nariz, los labios y la barbilla, como si intentara cubrirse toda la cara. Mantenga los dedos juntos, pero permita que su nariz asome a través de las manos para facilitar la respiración. Sienta la energía que irradia su cara y deje que el calor de sus manos relaje todos sus músculos faciales. Deje que las cejas, la frente, la mandíbula y los labios se relajen por completo.

Posición 4

En esta posición, ponga suavemente su mano derecha sobre la garganta, de forma parecida a como la sujetaría si intentara ahogarse. No es necesario que aplique ninguna presión; solo asegúrese de que hay un buen contacto entre la mano y la garganta y deje que los dedos rodeen completamente el cuello. Coloque la mano izquierda sobre el pecho, directamente encima del corazón. Afloje el cuello, la garganta y la parte superior del pecho aplicando correctamente esta posición. Concéntrese en la energía que fluye hacia su garganta y el corazón. Permita que la energía de su mano izquierda sobre el pecho irradie hacia el mismo y relaje los músculos. Puede que incluso sienta un suave latido del corazón. Siga respirando profunda y lentamente.

Posición 5

En esta posición, coloque las manos justo debajo de la línea del pecho, utilizando las manos para cubrir las costillas inferiores. Las puntas de los dedos centrales deben tocarse, y toda la mano se apoya en las costillas inferiores. Concentre su energía en esta parte inferior del pecho y en el centro del torso, y relaje los músculos. Debería sentir su propia respiración. Continúe con la respiración profunda y permita que sus pulmones se relajen bajo sus manos en esta posición.

Posición 6

Coja las manos de la posición 5 y deslícelas suavemente hacia el vientre y sobre la barriga. Las puntas de los dedos del medio se encontrarán justo encima del ombligo. Sienta cómo su estómago y su tripa se relajan con los músculos abdominales en esta posición. Sienta cómo sus respiraciones profundas llegan a esta zona desde la nariz, pasando por la garganta, el pecho y hasta la tripa. Concéntrese en esta zona mientras se relaja.

Posición 7

Siga bajando las manos desde la posición anterior hasta cubrir la parte más baja del torso. Mantenga los dedos centrales en contacto y sienta cómo se relaja su abdomen. Visualice que todos sus órganos internos realizan sus procesos de forma tranquila y relajada.

Posición 8

Lleve las manos hacia arriba y colóquelas sobre sus trapecios, la región entre el cuello y el hueso del hombro. Deje que sus dedos pasen por encima del hombro y toquen ligeramente sus trapecios traseros mientras sus muñecas están en la clavícula. Sus hombros deben relajarse en esta posición. Lleve los codos hacia arriba para ayudarse a alcanzar esta zona y continúe haciendo respiraciones largas.

Posición 9

Lleve las manos a los lados y póngalas sobre las lonjas/rollitos con las muñecas hacia delante y los dedos hacia atrás. En esta posición, piense que sus riñones se relajan y que la energía entra en su torso por los lados. Deje que los pulgares se apoyen en su cuerpo por delante.

Posición 10

Mantenga los pies en esta posición. También debe colocar las palmas de las manos en las plantas o en la parte superior de ambos pies; a algunas personas les resulta más cómodo sentarse con una pierna cruzada sobre la rodilla de la otra, o, mejor aún, simplemente sentarse en el suelo para que todo sea más flexible de forma natural. Mientras está en el suelo, puede simplemente tocar con los dedos los dedos de los pies o los pies mientras mantiene las piernas estiradas. Deje que las palmas de las manos envíen energía a los pies y relaje los músculos de los pies. Haga esto durante la misma cantidad de tiempo en cada pie.

Todas estas posiciones pueden mantenerse durante el tiempo que se sienta cómodo. Cuando empiece con el Reiki, mantenga cada posición durante dos minutos hasta completar una sesión de sanación de veinte minutos. Si desea mantener una determinada posición durante más tiempo, siempre puede hacerlo. Se recomienda pasar por todas estas posiciones para conseguir una curación igual en todo el cuerpo. Sin embargo, si quiere centrarse en una zona concreta, también está indicado.

Reiji-Ho

Reiji" significa guía o dirección del espíritu, y "Ho" significa dirección, ceremonia o camino. El Reiji-Ho es el proceso a través del cual se utiliza la intuición y la orientación de los guías espirituales, los arcángeles, los ángeles, los Maestros sanadores y la orientación del universo para desenterrar el problema del cuerpo. Puede utilizar el Reiji-Ho para identificar problemas en su cuerpo, y muchos Maestros utilizan este enfoque. El Reiji-Ho pretende identificar el problema energético, ya sea una zona en la que la energía está bloqueada o una zona que está creando demasiada o muy poca energía.

Los maestros sanadores acceden al Reiji-Ho de diferentes maneras. Sin embargo, a continuación, se detalla un buen enfoque.

Siéntese con los ojos cerrados y junte las manos en posición de oración, como en la posición 1 mencionada anteriormente. Desde esta posición, concéntrese en su propia energía y visualice su energía fluyendo por todo el cuerpo mientras se fortalece. Si el cliente está con usted, mírelo mientras medita o concéntrese en una imagen suya en su mente. Si lo hace en usted mismo, concéntrese en su imagen o en todo su cuerpo mientras medita. Puede rezar una oración pidiendo a los guías que le ayuden a sanar a la persona o a usted mismo y pedirles que le guíen para encontrar el verdadero origen del problema y la fuerza para reparar el asunto.

A partir de aquí, pase directamente al proceso de curación y permita que sus manos se dirijan a cualquier parte del cuerpo hacia la que se sientan guiadas. Sus guías y el universo le llevarán automáticamente al problema. Puede ser un reto, ya que el objetivo es eliminar la influencia del ego de la situación y permitir que su energía y sus guías encuentren el problema. Dondequiera que vayan sus manos en el cuerpo, confíe en esta deducción y empiece a crear desde ese punto.

Byosen Reikan-Ho

Los Maestros de Reiki "escanean" el aura y el campo energético de una persona para encontrar un problema mediante este proceso. Puede hacerse en cualquier posición, ya sea de pie, sentado o tumbado. El objetivo es concentrar su energía en la palma de la mano, visualizando su conciencia moviéndose hacia la palma de la mano, ya que esta es la zona que utilizará para percibir los cambios energéticos en el aura de la persona. La mayoría de los practicantes empiezan por la cabeza. De pie, a unos 30 centímetros o a unos pocos pasos de la persona, coloque la palma de la mano en el chakra de la corona de la persona y sienta su energía. Acérquese lentamente hasta que esté a 5 o 6 centímetros de su cuerpo. Desde aquí, podrá sentir la energía de forma más aguda. Sienta las incoherencias en el campo energético e identifique las zonas en las que siente una energía anormal. Mantenga esta distancia de unos pocos centímetros de su cuerpo y escanee por completo su cuerpo, especialmente las regiones de los chakras, para determinar lo que está mal en el cuerpo. Lo ideal es hacer esta exploración tres veces para asegurar una buena lectura y luego tratar según las zonas problemáticas identificadas. Durante la curación, asegúrese de tener la mente muy clara y de estar usted mismo en un buen estado energético. Su estado mental y su nivel de energía también influyen en estas lecturas.

Capítulo 9: Preparación para tratar a otros

A medida que avanza en los diferentes niveles de curación de Reiki, necesita desarrollar un conjunto de habilidades más profundo y a menudo más sofisticado para tratar a otras personas adecuadamente. Cuando se trate a sí mismo, utilizará las formas básicas. Sin embargo, si conoce el cuerpo y los distintos sistemas energéticos, esto también será beneficioso.

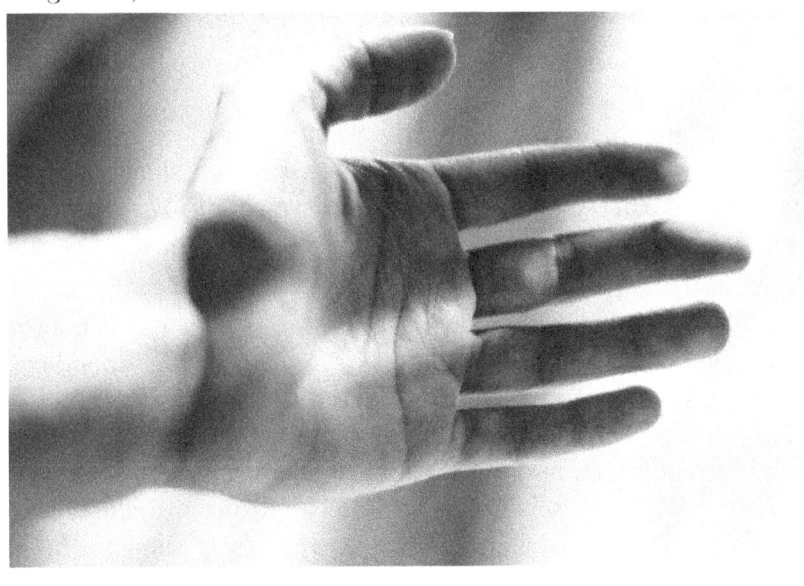

Anatomía básica para el Reiki

Cuando trate a sus clientes, se encontrará con muchos casos en los que estos ya están luchando con una condición médica específica y necesitan ayuda en un área concreta. Sin un conocimiento básico, al menos, de los órganos y sistemas del cuerpo, será muy difícil dar un tratamiento adecuado o incluso comprender las implicaciones del problema. Saber qué chakras se relacionan con los órganos específicos también es muy beneficioso para su práctica.

1. Glándulas suprarrenales

Las glándulas suprarrenales forman parte del sistema endocrino y son responsables de la secreción de hormonas en el cuerpo. Estas hormonas ayudan a regular varios sistemas, como el equilibrio del agua en su cuerpo e influyen en el crecimiento y el desarrollo del organismo.

2. Apéndice

El apéndice es un órgano inusual que aún no se comprende del todo. Algunos afirman que este órgano actúa como almacén de bacterias buenas, mientras que otros expertos afirman que no tiene ninguna función médica en el organismo. Está situado al principio del colon, en la parte inferior derecha del abdomen. Muchas personas se someten a la extirpación de este órgano si les causa problemas.

3. Riñones

Los riñones son un sistema de filtración muy avanzado que purifica su sangre. Sirven principalmente para eliminar la urea, los minerales, las sales y otros productos nocivos como las toxinas del sistema y retener lo útil, como el agua, los electrolitos y las sales beneficiosas dentro del cuerpo.

El segundo chakra, el chakra sacro, está situado cerca del ombligo y se asocia con las glándulas suprarrenales, el apéndice y los riñones, que forman parte del sistema endocrino. Está conectado con el elemento agua, equilibrando el agua en su cuerpo, y está representado por el color naranja. Normalmente, cuando está estresado o ansioso, su cuerpo se hincha. Realizar Reiki en este chakra equilibrará las glándulas suprarrenales y mantendrá un equilibrio hormonal y de agua positivo.

4. Colon

El colon es un componente grande y crítico del sistema digestivo, también conocido como intestino grueso. Se conecta con el intestino delgado en un extremo, y en el otro termina en la cavidad rectal. El colon es el lugar donde se produce el procesamiento a gran escala de la materia sólida y se extrae el agua de la materia fecal antes de desecharla.

5. Vesícula biliar

La vesícula biliar es un pequeño órgano conectado al hígado. Almacena la bilis producida por el hígado y segrega la cantidad adecuada para ayudar al mecanismo digestivo.

6. Hígado

El hígado es un órgano grande con muchas funciones. Una de las principales funciones del hígado es ayudar al proceso digestivo creando la bilis que se utiliza para procesar las grasas durante la digestión. También se utiliza para descomponer diversos insumos como las proteínas para su buen uso en el cuerpo. El hígado también ayuda a convertir los carbohidratos y las proteínas en grasa de almacenamiento que el cuerpo utiliza cuando es necesario. Este órgano también produce factores de coagulación de la sangre y varios minerales y vitaminas cruciales para el funcionamiento normal. Además, el hígado desempeña un papel fundamental en el filtrado de la sangre y la eliminación de residuos y bacterias.

7. Páncreas

Este órgano glandular se centra principalmente en la producción de diversas enzimas digestivas y hormonas que ayudan a otros órganos a descomponer los recursos y ponerlos a disposición del cuerpo para su uso. También es donde se produce la insulina, que es ampliamente vital para regular los niveles de azúcar en la sangre y el rendimiento del hígado.

8. Intestino delgado

El intestino delgado es la primera etapa de la digestión de los alimentos y está situado inmediatamente después del estómago y antes del colon. El intestino delgado utiliza las aportaciones de otros órganos, como el hígado y el páncreas, para procesar los alimentos y extraer los nutrientes necesarios de los mismos.

9. Bazo

El bazo actúa como un escudo contra los organismos extraños, como las bacterias y los virus, y filtra estos parásitos del torrente sanguíneo. Además, el bazo ayuda a limpiar el torrente sanguíneo eliminando todos los glóbulos rojos muertos o viejos y descomponiéndolos de forma segura.

10. Estómago

El estómago forma parte del tracto digestivo y es donde llegan los alimentos procedentes del esófago. Es el primer nivel de procesamiento en el que los alimentos se descomponen para que otras partes del tubo digestivo puedan seguir procesándolos. Desde aquí, los alimentos pasan al intestino delgado.

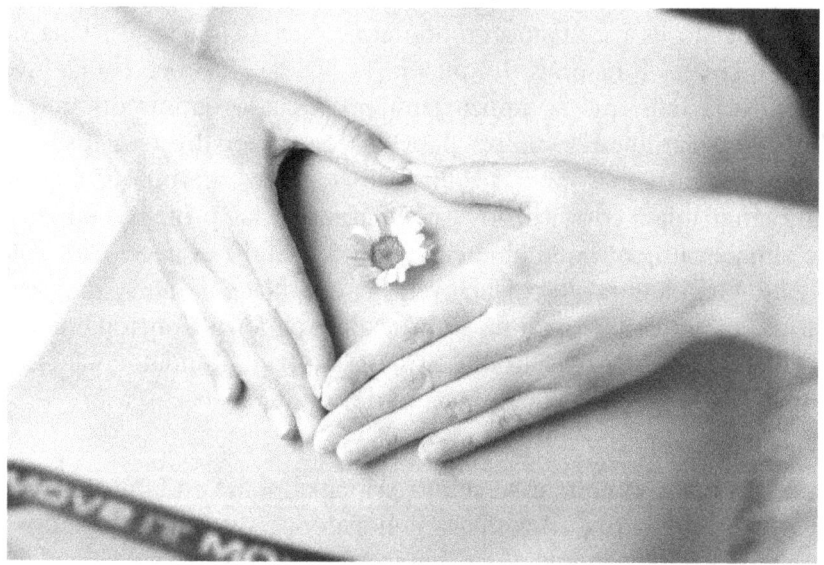

El tercer chakra, el del plexo solar, está situado entre el ombligo y el corazón y se asocia con el colon, el intestino, el estómago, la vesícula biliar, el hígado, el páncreas y el bazo. Está conectado con el elemento fuego y está representado por el color amarillo. Cuando este chakra está equilibrado, nos sentimos enérgicos, confiados, productivos y centrados.

11. Corazón

El corazón es un órgano muscular de tamaño medio situado en el tórax que se encarga principalmente de bombear la sangre a todas las partes del cuerpo mediante varias arterias. También está relacionado con la presión arterial, el ritmo cardíaco y la circulación de diversos nutrientes por todo el cuerpo a través de la sangre. El corazón es un órgano vital en el sistema energético y es el único órgano físico que crea y canaliza energía cuando se practica el Reiki.

12. Pulmones

Los pulmones son grandes órganos situados en el tórax que sirven para hacer circular el aire en el cuerpo. El oxígeno se extrae de los pulmones y se infunde en el torrente sanguíneo.

13. Timo

La glándula del timo se encuentra entre los pulmones, forma parte del sistema defensivo del cuerpo y ayuda a mantener y desarrollar el sistema inmunológico.

El cuarto chakra, el del corazón, es el centro del amor y la curación y está asociado a la caja torácica, los pulmones, el corazón, la circulación, la piel, las manos, los brazos y la parte superior de la espalda. Está conectado con el elemento aire y se representa con el color verde claro. Cuando el chakra del corazón está equilibrado, amamos sin inhibiciones, sentimos una inmensa compasión y disfrutamos de relaciones saludables.

14. Esófago

La boca, la garganta y el estómago están interconectados funcional y físicamente; el esófago es ese tubo esencial que facilita la conexión entre ellos. Sirve para transportar los aportes de la boca al estómago.

15. Paratiroides

Se trata de un grupo de cuatro pequeñas glándulas que se encuentran justo detrás de la glándula tiroides en el cuello y que sirven para regular los niveles de calcio y fósforo en el organismo.

16. Tiroides

La glándula tiroides forma parte del sistema endocrino, ya que produce las hormonas necesarias para que el cuerpo mantenga un metabolismo saludable. Las hormonas segregadas por la glándula tiroides tienen un papel importante en el desarrollo y el crecimiento general del cuerpo.

La tiroides, las vértebras del cuello, el esófago, la boca, los dientes y las encías están conectadas e influenciadas por el quinto chakra, también conocido como chakra de la garganta; está situado en la base del cuello. Está conectado con el elemento espacio y está representado por el color azul. Cuando este chakra está equilibrado, nos sentimos creativos, nos comunicamos excepcionalmente bien y experimentamos una gran satisfacción con nosotros mismos.

Ética en el trato con los demás

Aprender Reiki es una cosa, pero cuando usted empieza a tratar a la gente profesionalmente a través del Reiki, es imperativo entender la dinámica de esta relación. Además, debe considerar que está realizando un servicio para un cliente que paga. Incluso si no está cobrando a la persona, tal vez solo esté tratando a un amigo; sigue siendo un vínculo muy personal el que tiene con ellos. Por lo tanto, debe asegurarse de observar todos los requisitos como profesional.

Lo más importante es comprender y darse cuenta de que puede realizar tratamientos para usted mismo, sus amigos y su familia en este punto de su formación. Sin embargo, todavía no está cualificado para prestar este servicio al público en general ni para afirmar que es un profesional sanitario certificado. Además, incluso cuando trate a amigos y familiares, asegúrese de ser abierto y honesto sobre el tratamiento y comuníqueles toda la información relevante. Por ejemplo, hágales saber que el Reiki no es un sustituto de la medicina tradicional. Más bien, es una herramienta para el bienestar general que complementa la medicina formal y los servicios de un médico. Además, el Reiki no es un tratamiento completo para nada. Si la persona tiene un problema crónico o una enfermedad terminal, el Reiki no hará que desaparezca mágicamente. En muchos casos, los problemas pueden mantenerse a raya con el uso regular del Reiki, e incluso puede resolver el problema para algunas personas, pero si el cliente ve un resurgimiento del problema, es de esperar.

Además, debe prestar mucha atención a la confidencialidad de sus compromisos. Incluso si está tratando a amigos y familiares, tiene que ser muy serio con la información médica que le revelen. Se trata de información extremadamente personal y debe ser tratada con respeto por la mayoría de las personas. Puede que tengan una química muy diferente fuera de esta relación, pero cuando se cura con Reiki, ellos están buscando ayuda, y usted es la persona que les guía a través de sus retos. Asegúrese de tratar esto con respeto y cuidado.

El Reiki es un proceso en el que se interactúa con la energía. Su objetivo es canalizar la energía, eliminar la energía e incluso arreglar problemas graves utilizando este recurso. El entorno en el que usted practica el Reiki es esencial. Lo ideal es que sea un entorno cerrado en el que usted y su cliente tengan privacidad y un espacio en el que ambos se sientan completamente cómodos. Asegúrese de que está limpio y ordenado y minimice todas las distracciones que pueda. Preferiblemente, solo deben estar usted, su cliente y unos pocos objetos de ambiente que les ayuden a ambos a relajarse y concentrarse. Cuantas menos cosas tenga, mejor.

El Reiki puede practicarse en varias posiciones, por lo que no siempre es necesario estar tumbado. En algunos casos, es posible que tenga un cliente que no pueda tumbarse por completo sobre su espalda o que no se sienta cómodo sentado durante periodos tan prolongados. Asegúrese de tener el mobiliario adecuado para que el proceso sea fácil y cómodo para la persona y para usted. La mejor opción es un espacio relativamente abierto con buena ventilación e iluminación.

Además, asegúrese de no interferir con los tratamientos médicos a los que ya se está sometiendo la persona. No es tarea del profesional de Reiki aconsejar ningún medicamento o tratamiento; esto no es aceptable ni ética ni profesionalmente. Los consejos médicos no son competencia ni siquiera de un Maestro de Reiki.

Posiciones de Reiki para tratar a otros

Al tratar a las personas, se necesita tiempo para desarrollar la intuición de la que hablamos en su capacidad para detectar problemas que requieren curación en los campos energéticos. Además, se trata de lo sensible que es usted a la energía y de la eficacia con la que capta estas variaciones. Sus experiencias pasadas son cruciales para su recuperación. Naturalmente, cuanto más tiempo dedique a comprender la energía de las personas y cuanto más experimente las diferentes energías, más eficazmente diagnosticará los problemas y determinará las soluciones adecuadas. Sin embargo, algunas técnicas fundamentales pueden utilizarse para todos los problemas.

Una de las premisas de la curación con Reiki es que todos los sistemas energéticos pasan por la cabeza, por lo que, si se centra en tratar solo la cabeza, podrá tratar los problemas de todo el cuerpo. Estas son las cinco posiciones fundamentales que el maestro Usui destacó en el Reiki. Aunque son los primeros tratamientos que se dominan inicialmente, también son muy utilizados por los Maestros sanadores cuando abordan problemas más complicados. No es lo complejo de su técnica lo que determina la eficacia de su curación. En cambio, es lo competente que sea usted en el uso de esa técnica, aunque sea básica.

Las posiciones originales de las manos de Usui

Hay cinco posiciones originales básicas de la mano que debe tratar de dominar.

1. Zento-Bu

Esta posición se centra en la parte delantera de la cabeza, concretamente en la frente. Comience por situarse detrás del sujeto y coloque sus manos sobre su frente. Las muñecas y la parte inferior de la palma de la mano están junto a la frente. Las puntas de sus dedos centrales se tocan o se superponen ligeramente en el centro de la frente, por encima del chakra del tercer ojo. Lo ideal es que sus manos descansen por encima de sus cejas y por debajo de la línea del cabello. Puede tocar estas dos zonas si tiene poco espacio, pero intente no sobrepasar estos límites. Algunos practicantes prefieren complementar esta posición con algunas afirmaciones u oraciones que les ayuden a concentrarse en este punto.

2. Sokuto-Bu

Desde la primera posición, pase al segundo movimiento. Coloque las dos manos a cada lado de la cabeza. Mantenga las manos en línea con la frente y entre las cejas y el nacimiento del cabello. Algunos practicantes prefieren mantener las manos ligeramente adelantadas para que una parte de las mismas cubra también la región de la sien. Otros prefieren desplazar las manos hacia un lado, con la parte inferior de la mano cerca de la parte posterior de la cabeza y las puntas de los dedos llegando al frente.

Mantenga en esta posición la misma distancia de unos 5 a 10 centímetros de la piel.

3. Koutou-Bu

De nuevo, pasando de la segunda posición a la tercera, mantenga la misma distancia entre sus palmas y la cabeza. Muévase hacia la izquierda de su cliente, sin dejar de colocar su mano izquierda frente al centro de la frente; simultáneamente, comience a bajar su mano derecha hacia la base posterior del cráneo. La mano derecha ocupará un lugar conocido como la cresta occipital, donde el cuello se conecta con el cráneo. Algunos practicantes tienen un enfoque diferente de este movimiento. Prefieren mantener ambas manos en la parte posterior de la cabeza. Una mano ocupa la parte superior del cráneo mientras la otra permanece en la cresta occipital. Puede experimentar con ambos enfoques para saber qué le parece más adecuado.

4. Enzui-Bu

En esta posición, se concentra en la parte más baja de la cabeza desde atrás, centrándose en esa cresta occipital que antes solo cubría con una mano. En esta fase, coloque ambas manos en la base del cuello de forma que sus dedos miren hacia delante. Alcance la parte delantera de la garganta mientras sus muñecas se conectan en la cresta occipital. Sus muñecas no tienen que estar tocándose, pero intente que estén lo más cerca posible.

5. Touchu-Bu

En esta última posición, deslice constantemente las manos hacia arriba hasta alcanzar la parte superior de la cabeza de la persona. La última posición se centra en el chakra de la corona. El objetivo es llevar las manos por encima de la cabeza y colocarlas con las palmas hacia abajo sobre el chakra de la corona. Los pulgares y las puntas de los dedos índices deben estar en contacto, o casi cerca de tocarse, al juntar las manos. Mantenga la misma distancia de unos pocos centímetros de la cabeza de la persona y concéntrese en canalizar su energía hacia el chakra de la corona y desde ahí hacia todo su sistema.

Técnicas adicionales de Gakkai

Nentatsu-Ho

Esta poderosa técnica se utiliza habitualmente para ayudar a las personas a abordar ciertos bloqueos mentales, patrones de pensamiento, adicciones, problemas de comportamiento y otros retos cognitivos. Este proceso requiere el trabajo del sanador y del cliente. Ambos deben trabajar juntos para crear la energía y el entorno que ayuden al cliente a eliminar el problema.

La parte física del ejercicio es precisamente como el Koutou-bu. Coloque una mano delante y en medio de la frente de la persona, con la otra cubriendo su cresta occipital.

Con las manos en posición, diga las afirmaciones en voz alta. Estas afirmaciones pueden referirse a cómo la persona está superando sus retos. Por ejemplo, si están intentando dejar de fumar, puede decir: "Estoy trabajando para conseguir una vida sin tabaco. Me veo viviendo sin depender del tabaco y estoy dando pasos para crear un futuro más sano y positivo para mí".

Lo ideal es que la persona diga estas afirmaciones con usted.

Jakikiri Joka-Ho

Esta *rutina de limpieza* está diseñada explícitamente para cosas no vivas y nunca debe utilizarse en ningún ser vivo. Este movimiento tiene como objetivo librar al objeto de cualquier energía negativa o estancada que pueda tener almacenada. También se puede utilizar para simplemente "refrescar" algo que no se ha utilizado en mucho tiempo o algo que ha conseguido de segunda mano.

Si el objeto es pequeño, sujételo con la mano no dominante y practique la técnica con la mano dominante. Si se trata de un objeto grande que no puede sostener, practique la técnica a unos centímetros del objeto. Si no está con usted, visualice el objeto y practique la técnica.

El primer paso es limpiarse y centrar sus pensamientos para limpiar el objeto sin contaminarlo con ninguna energía adicional. Mientras sostiene el objeto, el siguiente paso es utilizar su mano dominante, dar tres golpes rápidos (como los de karate) sobre el objeto y detenerse después del tercer golpe. Lleve la mano hacia abajo sobre el objeto como si lo estuviera cortando con la mano desnuda. Algunos practicantes prefieren respirar profundamente y aguantar la respiración mientras hacen los golpes rápidos, y después, manteniendo la mano sobre el objeto, soltar una respiración lenta.

Cuando haya terminado, deje el objeto en el suelo, agradezca a los guías energéticos su ayuda y cierre el proceso.

Capítulo 10: Preparación para el segundo nivel

El Reiki es un arte de curación que ha logrado sobrevivir durante décadas gracias al trabajo constante de múltiples colaboradores. Empezando por el Maestro Usui, que revivió el arte, se ha transmitido a través de muchos practicantes y ahora goza de una presencia global. Este secreto de la curación oriental está ahora ampliamente disponible a través de Internet y de los Maestros aprendidos para todo el mundo. Lo que lo hace fantástico es que usted puede practicarlo por su cuenta desde la comodidad de su casa.

Sin embargo, el hecho de que sea de fácil acceso, no significa que sea fácil de dominar y utilizar con eficacia. Para sacar realmente el máximo provecho del Reiki, es muy aconsejable buscar los servicios de un practicante competente que le ayude a progresar a través de los diferentes niveles de Reiki y a dominar las habilidades apropiadas en cada nivel. Un aspecto esencial durante todo el proceso es su sintonización. Sin la sintonización adecuada, es casi imposible que usted aproveche la energía que lleva dentro y, en consecuencia, limitará gravemente su capacidad para utilizar su energía en beneficio de los demás. Es una parte del Reiki que solo puede hacerse bien con un Maestro ya familiarizado con la sintonización. Ellos le guiarán hacia el desbloqueo de su energía y le demostrarán cómo canalizar adecuadamente esta energía recién adquirida para su propio beneficio, así como para el beneficio de aquellos que buscan tratamiento a través de usted.

Es crucial desarrollar su intuición y capacidad de análisis a través de la sintonización para progresar a través de los distintos niveles de Reiki. Incluso si sigue un enfoque no tradicional del Reiki, como el Reiki angelical, sigue siendo necesario desarrollar la intuición, ya que es una habilidad fundamental. El Reiki tradicional ha crecido en muchas ramas no tradicionales. Sin embargo, para desarrollar la maestría en cualquiera de estas ramas, es importante comenzar con los movimientos y técnicas básicas destacadas en las prácticas tradicionales de Usui. Estas le darán la base de la curación con Reiki, ya que se centran en la parte más importante del cuerpo, la cabeza, donde se conectan todas las vías de energía.

Cuando se trabaja en Reiki, la curación es un proceso subjetivo. Mientras que muchas prácticas y técnicas son universalmente aceptadas e incluso obligatorias para que los estudiantes las aprendan, una técnica concreta puede no ser necesariamente apropiada para usted. Algunas cosas funcionan muy bien para usted, pero otras, con un enfoque ligeramente modificado, responderán más adecuadamente a su situación. Todos canalizamos la energía de forma diferente. Todos procesamos ciertas cosas de forma diferente y, en consecuencia, las técnicas que utilicemos y nuestro dominio de esas técnicas también diferirán. Sin embargo, la comprensión de lo que funciona y lo que no funciona para usted solo vendrá después de conocer los fundamentos. Podrá empezar a experimentar con diferentes procesos cuando tenga las bases claras. Por ejemplo, el escaneo del aura no forma parte de la curación tradicional de Reiki, pero es un proceso que funciona extremadamente bien para muchos sanadores.

Los diferentes enfoques entre los Maestros y las personas de todo el mundo se deben a la diferencia en la comprensión fundamental del Reiki. Por ejemplo, el concepto de Fuerza Vital puede significar cosas diferentes para cada persona. Algunas personas de Oriente lo asocian con la energía Qi que se utiliza más comúnmente en la medicina oriental. Las personas de Occidente generalmente lo asocian con el alma, o lo asocian con la energía universal más allá de los límites religiosos. Del mismo modo, dado que existe una diferencia en la forma de percibir esta energía a nivel global y en lo que se espera de ella, los tratamientos de Reiki son, por tanto, previsiblemente también muy diferentes. Sin embargo, sea cual sea su origen, es importante que entienda que el Reiki no es un "tratamiento" formal. Es, sin duda, una forma de promover la buena salud e incluso de ayudar a combatir problemas específicos. Aun así, no es un tratamiento médicamente aprobado para los problemas mentales o físicos. El Reiki no debe verse como una cura que pueda funcionar de forma aislada. Por el contrario, es un bienestar que complementa las prácticas médicas formales. Incluso si recibe un tratamiento de medicina china, el Reiki complementará ese tratamiento en lugar de ser un sustituto.

Si considera el Reiki como una profesión o simplemente como algo personal, es importante invertir en las herramientas y recursos adecuados para hacerlo posible. Hay varias herramientas disponibles, como péndulos, esencias y equipos similares utilizados en los tratamientos de Reiki. Dado que todo el tratamiento es bastante subjetivo, tanto para el sanador como para el cliente, la herramienta que se utilice variará en función de cada caso. Algunas personas pueden ser muy receptivas a su trabajo con el péndulo, mientras que otras serán más receptivas a sus técnicas de escaneo. Una persona puede encontrar algo muy relajante, y otra encontrará la misma técnica irritante o incómoda. Al realizar el Reiki, usted comprende continuamente las ideas que hay detrás de esta técnica de curación y desarrolla un vínculo con sus clientes, determinando lo que mejor funciona para ellos. Por este motivo, algunas personas siempre prefieren seguir el Reiki como una práctica continua en lugar de algo que necesitan ocasionalmente. Ningún número determinado de sesiones "resolverá" el problema. Por lo tanto, es aconsejable invertir en un kit de herramientas y seguir aumentando el kit a medida que experimenta y ve lo que le funciona. Opte por las opciones de menor precio al principio para ver cómo funciona, y si se siente identificado con un elemento determinado, puede comprar una versión de mayor calidad que probablemente le durará más tiempo y será más eficaz.

Junto con las técnicas básicas, familiarícese con el principio básico del Reiki. Estas dos cosas combinadas formarán la base de toda su experiencia con esta sanación. Utilizando estos principios y técnicas, sabrá lo que funciona mejor para usted y sus clientes, y podrá modificar su enfoque de acuerdo con estas ideas.

Además, tenga en cuenta que ser un sanador de Reiki consiste tanto en trabajar en uno mismo como en trabajar en sus clientes. Los maestros de Reiki necesitan dedicar mucho tiempo al autoestudio y a la meditación para entenderse a sí mismos y a cómo forman parte de todo el proceso de sanación. Sin una clara comprensión de su mente, cuerpo y energía, no es posible ser la fuente de curación para otra persona. Sus niveles de energía, su estado mental e incluso su condición física variarán de un día a otro. Actuar con coherencia entre todas estas condiciones cambiantes es un arte excepcional. Sin embargo, se necesita mucho tiempo y dedicación para perfeccionar.

Contar con un profesor que le ayude a navegar por el camino será muy útil en todas estas situaciones diferentes.

Cómo encontrar un instructor

Vivimos en la era digital, en la que encontrar personas de todo el mundo es solo cuestión de unos minutos y unos pocos clics. Sin embargo, algunos puristas siguen creyendo que la única manera de aprender Reiki es con los alumnos de los grandes Maestros. Estos asesores pueden ser difíciles de alcanzar y no muy fáciles de conseguir. Por suerte, todavía hay muchos profesionales de Reiki en el campo que realmente saben lo que hacen y también son instructores dotados.

Si se introdujo en el Reiki a través de un amigo o ha sido cliente y ha acudido a un profesional en busca de ayuda, acérquese a estas personas y aprenda a conectar con su comunidad local de Reiki. El Reiki suele ser una comunidad muy pequeña y unida, con la ventaja de que todo el mundo se conoce, y todos están más que contentos de ayudar a un nuevo participante. Su amigo podría tener un maestro en mente, o su terapeuta de Reiki podría indicarle la dirección correcta para obtener la orientación adecuada. Recuerde que, aunque una persona sea un excelente practicante, no necesariamente será un buen instructor de Reiki.

Póngase en contacto con su comunidad local y averigüe quién está trabajando en Reiki. Un número creciente de institutos médicos formales tienen departamentos de investigación que trabajan en Reiki o tienen departamentos especializados en medicina alternativa. Encontrará fácilmente a alguien en estos departamentos de tratamientos alternativos enseñando o practicando Reiki, ya que es una de las formas más populares de curación alternativa.

Si no puede encontrar a nadie en su comunidad local, siempre tiene la opción de encontrar a alguien a través de Internet. El único problema de Internet es que muchos auténticos profesores tradicionales y excelentes no están disponibles en línea. En el caso de los que están disponibles en línea, puede ser difícil calibrar si son auténticos o no. Sin embargo, algunas certificaciones son universalmente aceptadas y forman parte de la asociación internacional de Reiki, así que compruebe si el maestro está certificado. También puede mirar las reseñas y lo que hacen actualmente los alumnos de ese maestro. No querrá ir con un instructor que no tenga reseñas o pruebas que respalden su carrera. Dado que este es un campo a menudo muy subjetivo y con mucho espacio para la adaptación, modificación y personalización de los tratamientos, hay mucho espacio para que la gente finja y le robe su dinero. Asegúrese de que la persona es auténtica y tiene una buena reputación.

El instructor adecuado

A la hora de buscar el instructor adecuado, lo primero que hay que buscar es su nivel de competencia. ¿Son profesionales de primer grado, de segundo grado o de nivel de maestría? En realidad, puede recibir formación de una persona con cualquier grado de formación y especialización. Sin embargo, cuanto más avanzados sean, más profunda será su comprensión del Reiki. Si solo puede acceder a un instructor de primer grado, no deje que esto sea un factor limitante. Empiece por donde pueda, y a lo largo del camino, encontrará personas que le ayudarán a avanzar en su aprendizaje.

Incluso con un instructor de primer grado, debe determinar cuánto tiempo lleva enseñando Reiki y cuándo recibió su certificación. Esto le dará una buena idea de la experiencia y de lo que puede esperar de esta persona. Si tiene un instructor de segundo grado con 30 años de experiencia y otro instructor que es un Maestro, pero que solo se graduó hace seis meses, entonces, naturalmente, el instructor más experimentado es una mejor elección. El Reiki requiere mucha práctica, y la experiencia es un plus importante. Algunos de los mejores instructores de Reiki no son los más cualificados, pero su enorme experiencia los convierte en un recurso valioso.

Además, tenga en cuenta su estilo de enseñanza. Algunos profesores pueden tardar unos meses en otorgarle incluso una certificación de primer grado, mientras que otros dicen que puede obtenerla en diez días. Debe determinar lo que mejor se adapte a su situación. El que tarde más tiempo prestará más atención al desarrollo del Reiki en los estudiantes, pero si se siente cómodo con un curso más rápido, entonces siga ese camino.

Además, si desea un instructor de nivel avanzado o incluso un Maestro, es importante tener en cuenta el tiempo que les ha llevado alcanzar ese estatus. Algunas personas pasan por la formación de Reiki como un grado universitario, simplemente pasando de una certificación a la siguiente sin ninguna práctica entre medias. Este no es nunca el instructor ideal. La mejor persona de la que aprender es aquella que ha pasado por todas las certificaciones, es un Maestro y tiene experiencia en la enseñanza o, al menos, en el uso del Reiki en las diferentes certificaciones durante un buen tiempo. Esta persona ha tardado años o incluso décadas en completar su formación y tiene un conocimiento profundo de cada fase del proceso.

Por último, fíjese en qué tratamientos están especializados. Aunque el Reiki es un tratamiento de bienestar holístico, muchos practicantes se especializan en el tratamiento de problemas y condiciones específicas. Si quiere tratar un problema muy específico, busque a alguien especializado en ese campo.

Con todas estas cosas ordenadas, estará en una buena posición para decidir de quién debe empezar a aprender.

Para recapitular lo aprendido hasta ahora, aquí tiene un pequeño cuestionario para refrescar sus conocimientos.

Prueba de nivel 1

1. ¿Por quién fue redescubierto el Reiki?

A. Mikoa Usui

B. Jennifer López

C. Gandhi

2. En sus propias palabras, explique qué es el Reiki.

3. El Reiki puede curar permanentemente las enfermedades.

A. Falso

B. Verdadero

4. ¿Cuántos niveles de Reiki existen?

A. Uno

B. Dos

C. Tres

5. Enumere las posiciones de las manos más fundamentales en el Reiki.

6. ¿Cuál debe ser la duración de su tratamiento?

A. 10 días

B. 25 días

C. 21 días

D. 31 días

7. Está legalmente autorizado a realizar diagnósticos como terapeuta de Reiki (un profesional no médico)

A. Falso

B. Verdadero

8. ¿Sobre qué aspecto de su cuerpo actúa el Reiki?

A. El Reiki solo funciona a nivel físico

B. El Reiki solo funciona a nivel mental.

C. El Reiki solo funciona a nivel emocional.

D. Funciona en los tres niveles.

9. ¿Pueden el tiempo y el espacio limitar el Reiki?

A. No

B. Si

10. Un solo ser humano lleva más de 88000 chakras en su interior. Elija los siete chakras principales en los que se utiliza el Reiki.

A. Chakra de la raíz

B. Chakra Sacro

C. Chakra del plexo solar

D. Chakra del corazón

E. Chakra de la garganta

F. Chakra del tercer ojo

G. Chakra de la Corona

H. Chakra redondo

I. Chakra del amor

J. Del 1 al 7

K. Del 3 al 9

11. ¿Qué corresponde al Chakra de la Raíz?

A. Ubicación: Parte inferior del abdomen, unos 5 centímetros por debajo del ombligo.

B. Cuestiones emocionales: Sensación de profusión, bienestar, sexualidad y placer.

C. Ubicación: Base de la columna vertebral, alrededor de la zona del coxis.

D. Cuestiones emocionales: Cuestiones de supervivencia, por ejemplo, financieras.

E. Representa nuestros fundamentos y sentimientos de arraigo.

12. ¿Qué abarca el chakra sacro? (Puede haber más de una respuesta correcta)

A. Ubicación: Parte inferior del abdomen; 5 centímetros por debajo del ombligo, 5 centímetros hacia dentro.

B. Cuestiones emocionales: abundancia, bienestar, ocio, energía sexual.

C. Ubicación: Abdomen superior, alrededor de la zona del estómago.

D. Nuestra capacidad para estar seguros de nosotros mismos y tener el control de nuestras vidas.

13. ¿Qué corresponde al chakra del plexo solar? (Puede haber más de una respuesta correcta)

E. Nuestra capacidad de amar.

F. Nuestra capacidad de tener confianza y control.

G. Ubicación: Centro del pecho, por encima del corazón.

H. Ubicación: Parte superior del abdomen, alrededor de la zona del estómago.

I. Problemas emocionales: Problemas de autoestima, de confianza en sí mismo y de autovaloración.

14. ¿Qué corresponde al Chakra del Corazón? (Puede haber más de una respuesta correcta)

A. Representa nuestros fundamentos y sentimientos de arraigo.

B. Cuestiones de supervivencia, por ejemplo, financieras.

C. Nuestra capacidad de sentir amor.

D. Ubicación: Centro del pecho, justo encima del corazón.

E. Cuestiones emocionales: Afecto, alegría y serenidad personal.

15. ¿Qué abarca el Chakra de la Garganta? (Puede haber más de una respuesta correcta).

A. Nuestra capacidad de ignorar los obstáculos negativos en la vida cotidiana.

B. Ubicación: La coronilla de la cabeza.

C. Cuestiones emocionales: la belleza en todas sus formas, la conectividad espiritual, la euforia.

D. Ubicación: Garganta.

E. Cuestiones emocionales: La comunicación, la expresión emocional, la verdad.

F. Nuestra capacidad de comunicación.

16. ¿Qué abarca el chakra del tercer ojo? (Puede haber más de una respuesta correcta).

A. El chakra más alto representa nuestra capacidad de estar totalmente comprometidos espiritualmente.

B. Nuestra capacidad para centrarnos en el contexto más amplio. Ubicación: La frente, también denominada chakra de la frente.

C. Cuestiones emocionales: Capacidad de instinto, originalidad, sabiduría, capacidad de pensamiento crítico y de tomar decisiones difíciles.

17. ¿Qué corresponde al Chakra de la Corona? (Puede haber más de una respuesta correcta).

A. Ubicación: La corona de la cabeza.

B. Cuestiones emocionales: La belleza en todas sus formas, el compromiso espiritual, la euforia.

C. El chakra más alto indica nuestro potencial para estar plenamente conectados espiritualmente.

Capítulo 11: Símbolos del nivel dos y activación

Ahora ha llegado al nivel 2 del libro. Discutiremos los símbolos de Reiki y hablaremos más sobre sus técnicas de curación.

El tema del Reiki es muy interesante, pero la parte más fascinante y que más destaca son sus símbolos. Estos símbolos se consideran sagrados, ya que permiten al practicante alcanzar y conectar con niveles superiores de curación y concentrar la energía curativa en partes específicas del cuerpo. Los símbolos del Reiki funcionan de forma diferente a otros símbolos. Alertan al cuerpo y a la mente para alterar el funcionamiento de la energía Reiki. Estos símbolos solo aportan energía positiva y poderes curativos, que pueden utilizarse en cualquier situación. Los símbolos de Reiki tienen diseños muy hermosos, y cuando un maestro o practicante de Reiki los canta o dibuja, la naturaleza y el universo reconocen su energía. La intención del practicante de Reiki es permitir que los símbolos funcionen, permitiendo que el universo reconozca la energía que fluye a través de ellos.

Símbolos del Reiki

Activación de los símbolos del Reiki

Puede activar los símbolos del Reiki dibujándolos sobre sus clientes o sobre usted mismo. No es necesario que los dibuje con un bolígrafo, ya que esto no será práctico para la mayoría de la gente. Basta con dibujarlos con el dedo y darles unos segundos para que surtan efecto. La visualización es otro método de activación que le permite también practicar la curación a distancia. Visualice que dibuja los símbolos sobre una persona, una pared o durante una situación concreta y concédales unos segundos para que surtan efecto. Recuerde repetir el nombre del símbolo que está activando cuando dibuje o visualice. Si no puede o tiene problemas con la visualización, puede simplemente repetir el nombre del símbolo que quiere activar tres veces. Con el tiempo, y a medida que practique más el Reiki y adquiera más experiencia, podrá activar los símbolos estableciendo una intención. No se desanime si no ocurre de inmediato. A medida que madure y alcance un nivel más alto, lo conseguirá. No es recomendable precipitarse ni forzar este proceso. Permítase crecer a su propio ritmo y deje que las cosas sucedan de forma natural.

Otra forma de ayudarle a activar los símbolos de Reiki es meditando. Puede practicar la meditación estableciendo primero una intención y luego, con los dedos, dibujar el símbolo que desea activar frente a su cuerpo. Mueva la energía hacia cualquiera de sus 7 chakras. Respire profundamente, imagine que respira la esencia del símbolo y exhale, permitiendo que la energía se extienda por su cuerpo. Asegúrese de que sus intenciones están claras y definidas en todo momento. A veces, durante la meditación, la mente de una persona divaga. En este caso, invoque el nombre del símbolo tres veces mientras lo visualiza. Siéntese en silencio durante unos 15 minutos, practicando esta meditación. Tiene que creer que la energía del símbolo está flotando a través de usted.

Existen varios símbolos de Reiki. Sin embargo, en este libro hablamos de los más importantes.

Cho Ku Rei/El símbolo del poder

El Cho Ku Rei, pronunciado "Cho Koo Ray", implica el aprovechamiento de la energía del universo en un espacio y tiempo específicos. Es el símbolo del poder, no es que le dé superpoderes o habilidades únicas, sino que ayudará al practicante a concentrar la energía que fluye en el universo a su alrededor en único lugar. Este símbolo representa el chi, que significa energía. Se activa mediante la visualización, el dibujo o la meditación. Como practicante, se beneficiará del símbolo del poder, ya que le permite iluminar a las personas, protegerlas de la energía negativa o mala y ayudar a mejorar sus relaciones. También puede ayudarle a purificar un objeto o una persona y a aumentar los poderes de los demás símbolos de Reiki. El símbolo Cho Ku Rei afecta positivamente a las personas y a los lugares, ya que elimina la negatividad y se centra en lo positivo.

Puede utilizar el Cho Ku Rei al principio de una sesión de Reiki para aumentar la potencia del Reiki cuando sea necesario. Por ejemplo, si la persona que está tratando está herida o lesionada, el Cho Ku Rei ayuda a controlar el dolor, ya sea leve o grave. Además, este símbolo elimina cualquier energía negativa que se atasque durante la sesión.

Una habitación suele estar influenciada por las personas que la ocupan. Cualquier energía que llevemos o estado de ánimo que sintamos, alteran las vibraciones de la habitación. Por lo tanto, proceda a marcar y activar el símbolo en todas sus paredes, suelos, techo, así como en el centro de la habitación que más le preocupa; esto ayudará a expulsar cualquier energía negativa, sustituyéndola por una energía positiva y acogedora.

Como se ha mencionado anteriormente, el símbolo Cho Ku Rei ayuda a potenciar las relaciones. Por lo tanto, se utiliza en áreas en las que las relaciones personales o profesionales requieren mejoras. Por ejemplo, actívelo para beneficiar su vida profesional imprimiéndolo en las tarjetas de presentación. También puede visualizarlo antes de reuniones importantes o entrevistas de trabajo para despejar su mente y calmar los nervios. También le dará confianza y le mantendrá centrado en lo que es importante. Durante los conflictos en las relaciones o antes de tener una charla importante con la pareja o el cónyuge, active el símbolo mediante la visualización.

Es innegable que muchos de nosotros estamos rodeados de energías negativas o impuras. Activar el Cho Ku Rei limpia su energía y le protege de cualquier desgracia que pueda ocurrirle debido a la energía impura. El símbolo de poder también proporciona a sus comidas un valor nutritivo al eliminar la energía negativa de los alimentos, lo que hace que la comida sea más saludable y beneficiosa. Los alimentos que comemos absorben la energía de la persona que los cocina; por lo tanto, limpiar la energía de los alimentos antes de consumirlos es una necesidad. De nuevo, activar el chakra es esencial. Establezca una intención clara, visualice el símbolo, dibújelo en la palma de la mano y coloque las manos sobre los alimentos durante unos minutos. También puede utilizar este símbolo en las plantas para ayudarlas a crecer y aumentar su fuerza. Dibuje el símbolo en la planta o en las palmas de las manos y manténgalas alrededor de la planta para ayudarlas a crecer y florecer.

El Cho Ku Rei también puede activarse en los chakras antes de conciliar el sueño para deshacerse de la energía negativa, proteger a la persona mientras duerme y permitirle una buena noche de sueño. Establezca una intención clara de dormir sin interrupciones. Además, dibuje el símbolo en su cuerpo, por delante y por detrás para activar un aura de protección.

El Sei He Ki/ La secuencia mental y emocional

El segundo símbolo es el Sei He Ki, que se pronuncia: "Sei Ge Ki". Este símbolo significa "Dios y el hombre se convierten en uno" y se utiliza para proporcionar equilibrio emocional y mental, además de equilibrar los lados izquierdo y derecho del cerebro. Además, este símbolo se utiliza para proporcionar protección. La vibración del Sei Hei Ki es más alta que la del Cho Ku Rei, lo que le permite ayudar a la curación emocional y a crear armonía. Este símbolo abrirá el subconsciente de una persona para su autocuración. Utilizando la energía de Sei He Ki, puede sanar sus emociones sacando a la superficie sus preocupaciones, inseguridades, tristeza, miedo o cualquier cosa que le preocupe. Cuando las personas comprenden sus sentimientos más profundos y trabajan en cualquier problema emocional o mental, este símbolo les anima a aceptar quiénes son y a vivir en armonía. Tanto si trabaja en la autocuración como si ayuda a alguien a autocurarse, es importante entender que lleva tiempo. Ayude a sus clientes a entender que requiere tiempo y paciencia, para que no se frustren cuando no vean resultados inmediatos.

Para practicar la autosanación, dibújelo en las palmas de las manos o en los chakras principales para activarlo. También puede dibujarlo en partes específicas de su cuerpo como los hombros, las rodillas, las caderas o los pies para eliminar cualquier energía negativa. Como practicante que realiza tratamientos y sintonizaciones de Reiki en otras personas, necesita mejorar su flujo de energía activando el símbolo en la parte trasera y delantera de su cuerpo. Además, las personas que suelen sufrir dolores de cabeza pueden dibujar el símbolo sobre la cabeza dos veces en cada hemisferio.

El símbolo Sei He Ki tiene el poder de restablecer la paz y el orden. Por ejemplo, visualice o dibuje el símbolo para calmar la situación si está discutiendo con alguien o en un ambiente tenso. Si se encuentra en una situación en la que está triste, estresado o agobiado, visualice el símbolo en el corazón, la mente o los pulmones. Sin embargo, esto no eliminará estos sentimientos de forma instantánea, por lo que deberá clarificar esto a las personas afectadas. No obstante, les ayudará a sobrellevar mejor la situación.

Active el Sei He Ki en las palmas de las manos cuando trabaje con clientes. También puede activarlo entre usted y la persona que está tratando para transferir sus emociones a través de usted. Sentirá las emociones que ellos están sintiendo en ese momento. Sin embargo, es importante tener en cuenta que absorber los estados emocionales de otras personas no es fácil. Por esta razón, solo debería dar este paso durante situaciones críticas en las que no tenga tiempo ni otras opciones. En última instancia, es su elección, pero es imprescindible limpiarse después.

También deberá limpiar su espacio utilizando el símbolo de Sei He Ki por las mismas razones expuestas anteriormente y dibujar los símbolos en varias esquinas de una habitación. Tan importante como limpiar nuestro espacio, también debemos limpiar nuestra mente. Podemos ser nuestros peores enemigos y sabotearnos con pensamientos, emociones o patrones de comportamiento negativos. El símbolo Sei Hei Ki ayuda a eliminar estos sentimientos dibujando y activando el símbolo alrededor del chakra del tercer ojo para aumentar el campo energético.

Este símbolo también puede ayudar a los alumnos a memorizar y recordar lo que están estudiando. Basta con dibujar el símbolo en las páginas del libro o visualizarlo en la cabeza. Así evitará olvidar lo que ha aprendido. También puede acabar con los malos hábitos e incluso con las adicciones, que suelen tener su origen en experiencias negativas o en la falta de confianza en uno mismo. Visualice el símbolo que le rodea para verse a sí mismo de forma más positiva y evitar así cualquier mal hábito.

El Hon Sha Ze Sho Nen/El símbolo de la curación a distancia

El Hon Sha Ze Sho Nen es el tercer y último símbolo que se tratará en este capítulo. Este símbolo se pronuncia "Jon Sha Zi Show Non", que significa "no hay pasado, ni presente, ni futuro". Este símbolo se utiliza para ayudar a sanar el pasado, ayudarle en el presente y alcanzar sus objetivos futuros. La energía de este símbolo mejorará su conexión con los demás símbolos. Además, puede eliminar cualquier bloqueo energético de su pasado para que pueda realizar todo su potencial en el presente y, por tanto, construir un futuro mejor.

La energía de este símbolo puede viajar a través del tiempo y el espacio. Sin embargo, no tiene el poder de cambiar el pasado. Puede cambiar su perspectiva y permitirle mirar su pasado de forma diferente. En lugar de sentirse traumatizado por él, lo percibirá como un error que debe aceptar, del cual debe aprender y seguir adelante. En otras palabras, evita que su pasado le impida avanzar.

El símbolo Hon Sha Ze Shon Nen tiene que ver con la curación a distancia, que se tratará en detalle en los próximos capítulos. Esta curación le permite, como practicante, transferir energía en el presente, el pasado o el futuro. También puede canalizar energía a otras personas, estén donde estén. Sin embargo, primero debe obtener su permiso. Conecte con alguien a quien echa de menos o con un lugar que anhela visitar con este símbolo.

Para practicar la curación a distancia, siéntese en una posición cómoda o túmbese en un lugar tranquilo y privado, cierre los ojos, relájese y respire profundamente; pida ayuda a sus guías de Reiki. Visualice el símbolo cerca del lugar que anhela visitar. Piérdase en el momento y disfrute de cada minuto. Cuando haya terminado, visualícese volviendo a entrar en su cuerpo y abriendo lentamente los ojos.

Todo el mundo está traumatizado por algo, dejando huellas energéticas que dan lugar a pensamientos y emociones negativas, como los miedos y las frustraciones. Es esencial liberarse de estas huellas. Cuando sea consciente del acontecimiento traumático que le causa la frustración, puede practicar la curación a distancia activando el símbolo de esta situación negativa pasada.

También puede utilizar este símbolo para ayudar a otros en diversas situaciones. Utilice el símbolo para ayudar a una persona que no está dispuesta a recibir un tratamiento manual o que está pasando por un momento difícil.

Emparejamiento de los símbolos del Reiki

El emparejamiento de los símbolos de Reiki es muy eficaz. El uso de los símbolos Cho Ku Rei, Se He Ki y Hon Sha Ze Sho Ken le proporcionará una puerta de acceso a la energía universal en cualquier situación. Active esta secuencia en su chakra de la corona, en el techo de cualquier habitación para ayudar a limpiarla, o proporcione una curación a distancia para usted o para otra persona. No importa el orden que elija para activar los símbolos, siempre que establezca intenciones claras.

Los símbolos Cho Ku Rei y Se He Ki funcionan muy bien juntos. Estos dos símbolos se complementan muy bien, mejorando su flujo de energía, potenciando la autocuración y creando un escudo de protección. Además, cuando estos dos símbolos se emparejan, pueden eliminar la energía negativa o no deseada. Si alguien sufre de dolor o de energía bloqueada, active las palmas de las manos y colóquelas sobre la parte del cuerpo que le duele durante unos minutos. Si padece casos graves de depresión, ansiedad o trastorno de estrés postraumático, estos dos símbolos pueden ayudarle a relajarse y a afrontar mejor sus dolencias. Coloque estos símbolos en sus chakras principales para eliminar la energía negativa. Ambos símbolos también pueden utilizarse para limpiar las habitaciones, como hemos mencionado anteriormente.

Comprender el poder de los símbolos de Reiki y cómo utilizarlos y activarlos ayudará a los practicantes a sanarse a sí mismos y a los demás. Estos símbolos son extremadamente poderosos cuando se utilizan solos, en parejas o como secuencias. Activar estos símbolos es la clave para utilizar y aprovechar su poder. Es esencial practicar constantemente estas técnicas de activación para poder utilizar fácilmente los símbolos de Reiki. No hay una técnica de activación correcta o incorrecta; simplemente encuentre aquella con la que se sienta cómodo. Recuerde que tener intenciones claras es crucial cuando se utilizan los símbolos de Reiki, así que asegúrese de establecer sus intenciones al activar los símbolos.

Capítulo 12: Técnicas de curación de segundo nivel

En el primer capítulo del nivel 2, hablamos de los símbolos de Reiki, sus métodos de activación y su poder curativo. En este capítulo se habla en detalle de las técnicas de curación Gakki del nivel 2. La Soka Gakkai es una de las sectas más grandes del budismo Nichiren, y hay varias técnicas de curación asociadas a esta creencia.

Técnicas de curación Gakkai de nivel 2

Hatsurei-Ho (Meditación de limpieza)

La técnica de curación Hatsurei-ho es uno de los métodos más importantes en la práctica del Reiki. Es una de las técnicas enseñadas por el Dr. Mikao Usui. Para entender el significado de la palabra, tenemos que dividirla en tres partes: Hatsu significa hacer surgir, Rei significa espíritu y Ho significa método. Aunque el Hatsurei-ho es una técnica de meditación, notará que se separa de todas las demás técnicas con sus palabras y gestos únicos. Puede practicar la meditación Hatsurei-ho solo o con otras personas. Sin embargo, si se practica en grupo, recibe otro nombre: Shuyo ho.

El primer paso de la técnica de meditación Hatsurei-ho es la relajación. Como cualquier técnica de meditación, debe encontrar un lugar tranquilo y privado. Siéntese en una posición cómoda, ponga las manos sobre el regazo y asegúrese de que las palmas miran hacia abajo. Sus ojos deben estar cerrados para que esto funcione, y necesita concentrarse en su núcleo. El segundo paso se llama "Mokunen", que significa concentración. Debe permanecer completamente concentrado durante todo este proceso. Comenzará su camino diciendo (en voz muy baja): "Ahora comenzaré Hatsurei ho". El tercer paso es "Kenyoku-ho", que significa baño seco, y esto limpia sus canales de energía.

Ahora va a entrar en el estado de meditación, por lo que debe relajarse, dejarse llevar y desconectar de sí mismo y de todo lo que le rodea. Inspire lentamente por la nariz y espire por la boca. Ponga su mano derecha, con la palma hacia abajo, sobre su hombro izquierdo, y asegúrese de que las puntas de los dedos tocan su hombro. Mueva la mano derecha lentamente hasta llegar a la cadera derecha mientras espira. Ahora, coloque su mano izquierda sobre su hombro derecho y repita el proceso.

Estire la mano izquierda y coloque la mano derecha en el hombro izquierdo, pero solo tóquelo con la punta de los dedos. Mantenga la palma de la mano plana, deslice la mano derecha lentamente hacia el brazo izquierdo y exhale en el proceso. Ahora, haga lo mismo con la mano izquierda y el hombro derecho. Repita este proceso tres veces para cada lado.

El cuarto paso le permite conectar con el Reiki. Ponga las manos sobre su cabeza, con las palmas hacia arriba y los dedos apuntando el uno al otro. Despeje su mente y sienta la energía Reiki bajando desde arriba y fluyendo por todo su cuerpo. Cuando empiece a sentir la energía Reiki en usted, puede deslizar lentamente las manos hacia abajo.

Ahora va a purificar su alma, que es un paso llamado Jooshin Kokkyu Ho, y significa respirar para purificar el alma. Ponga sus manos, con las palmas hacia arriba, sobre su regazo. Mantenga una respiración constante y lenta, respirando por la nariz mientras se concentra en su núcleo. A medida que vaya respirando, empezará a sentir la energía del Reiki moviéndose desde su mente hasta su núcleo. Siéntela fluyendo por su cuerpo, y eliminando cualquier energía negativa en su interior. El siguiente paso se llama Gasho o Namaste, un término con el que mucha gente puede estar familiarizada. Gasho significa unir las manos, que es lo que debe hacer en este paso de la meditación. Coloque sus manos en posición de oración frente a su pecho y concéntrese en la conexión de sus dedos medios.

Inhale la energía Reiki desde sus manos hasta el centro de su energía. Exhale y visualice la energía fluyendo desde su centro y a través de sus palmas. Este paso se llama Seishin Toitsu-ho, y significa concentración de la mente.

El siguiente paso se llama Gokai Sansho, en el que se repiten tres veces los 5 principios del Reiki, que son: "Solo por hoy, no hay que preocuparse", "solo por hoy, no hay que enfadarse", "solo por hoy, hay que ser humilde", "solo por hoy, hay que ser honesto", "solo por hoy, hay que ser compasivo". Ahora, el último paso es Mokunen de nuevo. Terminará la meditación poniendo las manos sobre el regazo y estableciendo la intención de que ha terminado diciendo: "He terminado Hatsurei-ho", y sintiéndolo en cada parte de su cuerpo.

Seiheki Chiryo-Ho (Hábitos naturales de curación)

Puede utilizar el Seiheki Chiryo-ho para tratar tendencias y hábitos poco saludables enviando una especie de señal a la mente de su cliente, o puede utilizarlo para curarse a sí mismo. Puede romper los hábitos negativos utilizando el Seiheki Chiryo-ho al permitir que su mente se centre en cosas más esenciales de la vida, como sus objetivos o los principios del Reiki. Primero y ante todo, como practicante, debe hablar con el cliente que está tratando. Hágale preguntas para saber lo que necesita cambiar o sus objetivos. Cuando tenga la información necesaria, podrá personalizar las afirmaciones perfectamente adaptadas a su situación. Sin embargo, asegúrese de que las afirmaciones tengan un tono positivo, como si ya hubieran dejado el mal hábito y lo estuvieran celebrando. Por ejemplo, si alguien no hace ejercicio, puede preparar una afirmación como "Ahora estoy haciendo ejercicio y me siento muy bien", en lugar de "Pronto empezaré a hacer ejercicio".

Después de preparar la afirmación, pida a su cliente que se tumbe y cierre los ojos. Dígale que se relaje y que respire lenta y constantemente por la nariz. Tiene que estar tranquilo y abierto a la experiencia en la que se va a embarcar. Del mismo modo, el practicante también necesita estar tranquilo y presente en ese momento. Para conectar con la energía del Reiki, esté atento y respire de forma constante. Establezca su propósito y dígase a sí mismo: "Ahora mismo, voy a empezar el Seiheki Chiryo-ho". Una mano debe estar en la frente del cliente y la otra en la parte posterior de su cabeza. Compruebe que la persona que está tratando está concentrada y pídale que abandone sus hábitos indeseables. En voz alta o para sí mismo, repita las afirmaciones que ha escrito. Sienta cómo la energía Reiki se derrama a través de usted ahora, trayendo curación y equilibrio a su vida.

Retire la mano de la frente del cliente y manténgala en la parte posterior de su cabeza. Deje que el Reiki fluya libremente, pero detenga las afirmaciones y mantenga esta posición durante unos minutos. Por último, dé las gracias al final de la terapia. Es importante tener en cuenta que la persona necesitará más de una sesión de tratamiento antes de ver resultados reales.

Uchite Chiryo-Ho (Palmadas con las manos)

El Uchite Chiryo-ho es una técnica que potencia el flujo de energía dando palmaditas al cliente con las manos. Esta técnica suele aplicarse en zonas con bloqueo o entumecimiento. Asegúrese de que las palmaditas sean suaves, ligeras o medias. Es importante entender que esto no es un masaje, sino una estimulación al cuerpo de la persona permitiendo que la energía Reiki fluya a través de él.

Nadete Chiryo-Ho (Fricción con las manos)

La técnica Nadete Chiryo-ho también requiere el uso de las manos, pero a diferencia de la Uchite Chiryo-ho, usted acariciará en lugar de dar palmaditas. Esta técnica permite que la energía fluya por el cuerpo. Coloque sus manos sobre el cuerpo de la persona y muévalas hacia adelante y hacia atrás o en un movimiento circular. Durante este proceso, deje que la energía Reiki penetre en su cuerpo y fluya a través de él.

Oshite Chiryo-Ho (Digito-presión)

La técnica Oshite Chiryo-ho requiere presionar con la punta de los dedos. Esta técnica suele aplicarse en zonas rígidas del cuerpo que requieren aflojarse. Es una técnica muy sencilla. Todo lo que tiene que hacer es pulsar utilizando las yemas de los dedos y permitir que la energía Reiki se transfiera desde las yemas de los dedos a las zonas tensas del cuerpo de la persona.

Tanden Chiryo-Ho (Técnico de desintoxicación)

El Tanden Chiryo-ho, que también recibe el nombre de Hara Chiryo-ho, es una técnica de desintoxicación. Sin embargo, la desintoxicación aquí no solo se aplica al veneno, las toxinas o las sustancias nocivas del cuerpo, sino también a las toxinas espirituales o emocionales. Puede utilizar esta técnica en usted mismo o para tratar a otras personas.

Coloque su mano, con las palmas hacia abajo, sobre sus muslos. Póngase cómodo, relajado, y cierre los ojos. Concéntrese únicamente en su tanden o centro de energía. Dedique unos minutos a ser consciente mientras se concentra en su ritmo respiratorio. Respire con normalidad, no haga nada diferente que interfiera en su proceso natural de respiración. Solo tiene que ser consciente de su proceso de respiración. Visualice la energía Reiki penetrando en su cuerpo y fluyendo por cada célula de su ser. Ahora es usted uno con el Reiki. Manténgase concentrado y consciente de este momento. Ahora realice la reverencia Gassho y establezca su intención en silencio. "Comienzo inmediatamente el tratamiento para sanar a mi cliente (inserte su nombre aquí)", puede decir. Coloque su mano izquierda en su región tanden y su otra mano en su frente mientras se sitúa de pie a su lado izquierdo. Concéntrese en la energía Reiki que fluye por sus palmas. Declare la afirmación en silencio: "Deseo que todos los venenos del cuerpo de mi cliente sean eliminados suavemente".

Sus manos deben permanecer en la misma posición mientras observa el flujo del Reiki y hasta que sienta el flujo equilibrado entre sus manos. No podemos decir cuánto tiempo pasará hasta que sienta exactamente este equilibrio. Puede que le lleve unos segundos o varios minutos, así que guarde silencio y permanezca en la misma posición. Una vez que sienta el equilibrio, retire su mano derecha de la frente de la persona y colóquela encima de su mano izquierda, apoyada en la zona del tanden. Sienta cómo fluye el Reiki y sumérjase en la experiencia. Permanezca en la misma posición durante unos 20 minutos o déjese guiar por su intuición. Retire las manos de su cliente y practique la gratitud por haber tenido la oportunidad de ayudar a su cliente a sanar. Termine el proceso realizando otra reverencia Gassho.

Koki-Ho and Gyoshi-Ho (Curar con el aliento y la mirada)

Koki-ho significa curar con la respiración, mientras que Gyoshi-ho significa curar con los ojos. La técnica Koki-ho ayuda a las personas con dificultades para ser tocadas, como las víctimas de abusos o las personas que no se pueden tocar. Por ejemplo, alguien con una lesión grave o una víctima de quemaduras. Primero, conéctese al Reiki, luego inhale por la nariz. Exhale suavemente por la boca como si estuviera echando humo. Tendrá que sentir el Reiki mientras inhala. Cuando respire profundamente, el Reiki puede aparecer como una luz blanca. El practicante también puede sentir calor en su garganta, boca y pulmones en raras circunstancias.

Se cree que la energía fuerte puede fluir desde los ojos y la respiración. La técnica Gyoshi-ho permite transferir el Reiki a través de los ojos. Al igual que la técnica Koki-ho, el Gyoshi-ho trata a personas que no se pueden tocar. La parte más importante de este método de curación es mirar a su cliente con compasión. Imagínese cómo miraría una persona de buen corazón a un animal callejero herido o cómo miraría usted a un amigo que acaba de experimentar una gran pérdida. Recuerde que debe ser una mirada suave y relajante. No mire fijamente a su cliente, o le hará sentirse incómodo y posiblemente asustado. Como practicante de Reiki, debe ser siempre amable, cariñoso y compasivo y permitir que estos sentimientos se transfieran en la forma en que mira e irradia de sus ojos.

Conecte con el Reiki y conviértase en uno con él. Relaje sus ojos y deje que irradien compasión y bondad. Permita que el Reiki de sus ojos se transfiera a su cliente. Visualice el flujo de energía desde sus ojos hasta el lugar que requiere curación. Si hay más de un lugar que requiere curación, mueva sus ojos a la zona mientras establece intenciones claras para que la energía curativa vaya a donde se necesita.

Ketsueki Kokan-Ho (Técnica de purificación de la sangre)

El método Ketsueki Kokan-ho es una técnica de purificación de la sangre. Primero debe pedir a la persona a la que va a tratar que se acueste de frente y usted debe situarse a su lado. Elija el lado con el que se sienta cómodo. Generalmente, es el lado con su mano dominante, que no suele significar la mano con la que escribe o come. Dominante aquí significa dominante en Reiki. Su mano no dominante debe estar cerca de la cabeza de la persona. Ponga esta mano en la parte posterior de su cabeza, sobre la base del cráneo. Coloque su mano dominante junto a ella. Asegúrese de cubrir su columna vertebral con la palma de la mano. Con suavidad y a un ritmo constante, acaricie su columna vertebral hasta el coxis. Es mejor practicar esta técnica sin tocar a su cliente con las manos un par de milímetros por encima de su cuerpo. Una vez que llegue al coxis, retire la mano y vuelva a colocarla en la parte superior de la columna. Es importante no acariciar la columna en este paso, sino retirar la mano y volver al punto de partida. Tendrá que hacer este proceso unas 14 veces. Mantenga las manos por encima del coxis durante 30 segundos antes de ejecutar el último recorrido para permitir que el Reiki fluya y equilibre la energía de la columna.

Hanshin Koketsu-Ho (Purificación de la sangre de medio cuerpo)

El Hanshin Koketsu-ho o purificación de media sangre requiere que el cliente esté sentado o tumbado de frente. Ponga las manos en la base de su cuello, una mano a cada lado de la columna vertebral, y acaricie con cada mano hacia fuera y hacia abajo, siguiendo las líneas de los hombros. Coloque las manos a ambos lados de la espalda, lo más cerca posible de la columna vertebral. Sin embargo, deben colocarse un par de centímetros más abajo que la primera vez. Repita las caricias hacia fuera y hacia abajo. Descienda lentamente por su espalda, un par de centímetros más abajo cada vez mientras acaricia sus costados. El coxis se alcanzará después de 10 a 15 barridos. Coloque los dedos corazón e índice de ambas manos en la base de su cuello, a ambos lados de la columna vertebral. Acaricie hacia abajo hasta el coxis de la persona mientras mantiene la respiración. A continuación, exhale, espere un par de segundos y repita las caricias. Puede repetir este proceso de 10 a 15 veces. Al igual que los métodos anteriores, practique esta técnica sin llegar a tocar a su cliente.

Zenshin Koketsu-Ho (Purificación de la sangre de todo el cuerpo)

El cliente debe estar tumbado de espaldas o de frente para el Zenshin Koketsu-ho, o purificación de la sangre completa. Durante esta técnica, usted estará a ambos lados de la persona, y puede empezar por cualquiera de los dos costados; es su elección. Primero, ponga su mano no dominante en el hombro de la persona. Acaricie suavemente el hombro hasta llegar a la punta de sus dedos, luego retire su mano y vuelva a ponerla encima de su hombro. Repita las caricias en el hombro unas 14 veces en cada lado. A continuación, debe situarse cerca de sus muslos y colocar su mano no dominante sobre su cadera. Acaricie la pierna hacia abajo hasta llegar a las puntas de sus dedos. Repita las caricias en el muslo y la pierna unas 14 veces en cada lado. Para evitar aplicar presión realice esta técnica sin tocar a su cliente.

Técnica adicional - Reiki prenatal

Además de realizar Reiki por todas las razones mencionadas en este libro, otra curación de Reiki muy solicitada proviene de las mujeres embarazadas. El embarazo es hermoso - o eso dicen. Pregunte a cualquier mujer que haya tenido un embarazo difícil y estará en total desacuerdo. Una mujer pasa por cambios inmensos y a veces complicados durante el embarazo: Náuseas matutinas (que a veces duran todo el embarazo), agotamiento, estrés, presión arterial alta, dolor de espalda y de articulaciones, ciática, cambios de humor, desequilibrio hormonal y calambres.

La madre puede sentirse en desacuerdo con su cuerpo debido a los problemas mencionados, lo que a menudo crea una desconexión entre la madre y el bebé. El Reiki no es invasivo, y a través de su flujo de energía positiva, la madre y el bebé se verán rodeados en unidad, desarrollando el vínculo inquebrantable.

El bebé percibe la comunicación a través del Reiki y responde a la energía positiva del tratamiento, lo que permite a la madre seguir adelante, prescindiendo del estrés, la ansiedad y la preocupación. A través del Reiki, se desarrolla un medio equilibrado y feliz entre la madre y el niño.

Si le atiende un practicante de Reiki, asegúrese de que es de nivel 2 o superior. Siga estos sencillos pasos para realizar Reiki en usted mismo.

- Asegúrese de estar libre de perturbaciones y energía negativa utilizando las técnicas mencionadas anteriormente.
- Siéntese cómodamente y practique las técnicas de respiración para relajarse, invitando a la energía positiva.
- Rece una oración y un breve canto dirigido a sus guías.
- Recite los principios del Reiki (consulte el capítulo 6).
- Establezca su intención.
- Es esencial no precipitarse. De lo contrario, la energía Reiki no servirá para nada. Por ello, dedique unos segundos o minutos a cada punto focal.
- Coloque las manos sobre los ojos, con las palmas hacia dentro.
- Mueva lentamente las manos hacia las orejas y la parte delantera del cuello.
- Mueva las manos hacia la nuca y hacia arriba hasta la parte superior de la cabeza.
- Desde la posición de la cabeza, baje las manos por encima de la cara hasta el pecho.
- Deje que las manos se apoyen en el corazón, moviéndose gradualmente hacia las costillas y la zona del ombligo (chakra del plexo solar).
- Continúe hacia la pelvis, las rodillas y los pies.
- Durante toda la sesión, siga canalizando su energía Reiki

- Repita el proceso tantas veces como quiera. Sin embargo, estará sentado durante un largo periodo, así que no se presione si se siente incómodo. Más bien deténgase y haga otra sesión más tarde.
- Vuelva a la calma y lentamente al momento.
- Agradezca a sus guías la energía positiva que ha recibido para usted y su bebé.
- Estas son algunas de las técnicas de curación más populares y poderosas que cualquier practicante debería conocer en esta etapa de su aprendizaje. Todas estas técnicas pueden practicarse tratando a otros o para la autocuración. Es crucial permanecer atento, tranquilo y concentrado con cada técnica. Recuerde, esté siempre lleno de amor, bondad y compasión y deje que estos sentimientos se extiendan a todo y a todos los que le rodean.

Capítulo 13: Curación a distancia

También conocida como *Enkaku Chiryo*, la curación a distancia es una técnica Usui que se basa en la energía mental de la persona. Consiste en enviar energía Reiki a una persona sin tocarla ni que el receptor esté físicamente presente. La sanación a distancia fue desarrollada por el Maestro Usui y diseñada para mantener la concentración de la mente. Al principio, debido a que solo se seleccionaban unos pocos alumnos para aprender esta técnica, la curación a distancia se practicaba sin ninguna ayuda de símbolos, sino simplemente con una fotografía del receptor. Sin embargo, a medida que aumentaba el número de sus alumnos, Usui decidió utilizar símbolos al enseñar este método, para ayudar a sus alumnos a centrar su mente en la tarea. Hoy en día, la curación a distancia utiliza tres de los cuatro símbolos de segundo grado, siendo el Hon Sha Ze Sho Nen el más utilizado.

La curación a distancia es una habilidad que los estudiantes adquieren cuando aprenden a utilizar su intuición para manifestar la energía de otra persona. Se anima a los estudiantes a crear sus propias formas de tratamiento, por lo que hoy en día existen probablemente tantas técnicas como practicantes de Reiki hay en el mundo. Aparte del método de la fotografía original, la curación a distancia puede realizarse a través de datos personales (profesión, dirección, relación), pertenencias personales o cualquier objeto asociado al receptor (cartas, regalos, etc.). Algunos métodos de tratamiento combinan varias técnicas, como escribir información personal en el reverso de una fotografía. En cualquier caso, el practicante prepara un objeto que pueda asociar con el destinatario antes de visualizar sus puntos de energía. A continuación, utilizando su intuición, el practicante elige la parte del cuerpo del receptor en la que la energía es más necesaria. Por último, utilizando su habilidad para manipular la energía Reiki, la atraen hacia sí mismos y la envían a la persona que necesita curación.

Hon Sha Ze Sho Nen

Hoy en día, cuando un practicante de Reiki menciona el uso de símbolos de curación a distancia, normalmente se refiere al Hon Sha Ze Sho Nen. En una traducción libre, este símbolo significa "no tener presente, pasado o futuro", lo que representa el propósito general de utilizar un símbolo de curación a distancia. El Reiki debe transferirse a través de la distancia, el espacio y, a menudo, también el tiempo. También debe superar los retos presentes, sanar los traumas del pasado y guiarnos en el futuro. Tras recibir su sintonización, los estudiantes de segundo grado aprenden a hacer todo esto a través del Hon Sha Ze Sho Nen. Se les anima a utilizar este símbolo para enviar energía positiva a sus seres queridos que viven lejos.

Como ha sucedido con todos los símbolos de Reiki, las representaciones de este símbolo de curación a distancia se han modificado significativamente a lo largo del tiempo. Las diferentes versiones del símbolo ayudaron a los estudiantes a dominar su uso y a popularizarlo a través de otras culturas. Hoy en día, no existe un método fijo para crear símbolos de distancia, pero su propósito siempre ha sido el mismo a pesar de las innumerables variaciones.

Uso del símbolo de la curación a distancia

Este símbolo de Reiki se utiliza para varios propósitos de curación, incluyendo:

- **Curación de los traumas del pasado:** El practicante envía el Hon Sha Ze Sho Nen al pasado del receptor para ayudarle a superar experiencias traumáticas. Si no se atienden, las cicatrices del pasado pueden contaminar nuestro presente y futuro, por lo que los sanadores de Reiki aconsejan sanarlas primero en cualquier proceso de recuperación. Utilizan el símbolo de la curación a distancia para persuadir al receptor de que se forme una nueva perspectiva de su pasado y se perdone a sí mismo y a los demás, sanando eficazmente.

- **Mejora de las perspectivas futuras:** Si el receptor tiene un evento próximo al que teme asistir, el símbolo de curación a distancia puede ayudarle a superar sus temores. Además, su energía se utiliza para reforzar su miedo para mantener las preocupaciones y superar el evento con una confianza renovada.

- **Curación a través de grandes distancias:** El Hon Sha Ze Sho Nen puede enviarse a los seres queridos de una persona y dotarlos de energía positiva, independientemente de la distancia que los separe del practicante. Aunque requiere más esfuerzo visualizar al receptor aceptando la energía Reiki, permite a los sanadores abordar múltiples problemas y no centrarse solo en los específicos.

- **Liberación de las emociones:** Además de curar los traumas, el símbolo de la distancia puede ser útil para liberar las emociones reprimidas que agobian el alma de una persona. Afrontar estas emociones suele requerir mucho valor y energía, y el Hon Sha Ze Sho Nen se lo proporciona al receptor.

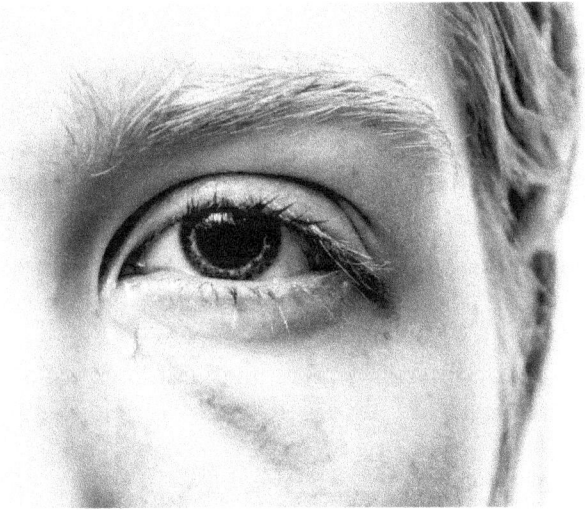

- **Limpieza del aura y de los chacras:** El bloqueo de los chakras principales les impide liberar y aceptar la energía, lo que también afecta al aura de la persona. El símbolo de la distancia despeja cualquier bloqueo en los chakras, de modo que la energía positiva puede llegar mucho más profundo en el cuerpo y curar las dolencias físicas y mentales.

- **Transferencia de energía:** Si alguien necesita un impulso adicional de energía en un momento determinado, el practicante puede simplemente establecer una intención de enviar Reiki hacia ellos en el momento exacto en que necesitan el refuerzo.

- **Acceso a los Registros Akásicos:** El Hon Sha Ze Sho Nen puede conectar con los registros akásicos, desvelando información de su pasado, futuro o presente. Obtener este conocimiento sobre sí mismos ayuda a las personas a comprender sus acciones y las emociones que hay detrás de ellas. También arroja algo de luz sobre el origen del problema que los sanadores deben abordar.

- **Revelación de la intención creativa:** Los amantes del arte se preguntan a menudo sobre el significado de una obra de arte y las razones que hay detrás de su creación. El Hon Sha Ze Sho Nen puede ayudarles a determinar el objetivo del creador para comprender la finalidad que hay detrás de las piezas que ideó.

- **Transferencia de energía a los ancestros:** Si una persona quiere asegurarse de que el alma de su ser querido fallecido siga viviendo felizmente, enviarles energía positiva a través del símbolo de curación a distancia les anima a seguir adelante en paz.

- **Eliminación de la energía negativa:** La energía dañina puede adherirse al cuerpo de una persona sin que esta se dé cuenta. El Hon Sha Ze Sho Nen puede canalizar energía Reiki lo suficientemente potente como para contrarrestar esta negatividad y eliminarla eficazmente de los chakras de la persona.

- **Proporcionar claridad interior:** A veces, la mente de una persona se ve perturbada por pensamientos de origen aparentemente desconocido. El símbolo de la curación a distancia puede proporcionar claridad sobre estos pensamientos y emociones, aportando comprensión y un proceso de curación mucho más eficaz.

- **Acceder al Qi:** El Hon Sha Ze Sho Nen puede utilizarse para acceder a una fuente de energía universal, también conocida como Qi (chi). Este Qi puede potenciar al receptor y ayudarle a superar las experiencias más duras, y a sanar sus traumas más profundos.

Lo que hace que el Hon Sha Ze Sho Nen sea útil en todas estas situaciones es que es casi el único símbolo de Reiki que puede convocarse en ausencia del receptor. Algunos receptores no quieren participar físicamente en el proceso de curación o simplemente no pueden asistir a una sesión en persona. Este símbolo permite a los practicantes establecer una conexión entre ellos y los receptores, independientemente de las razones por las que hayan optado por esta técnica.

Sándwiches de símbolos de Reiki

A pesar del propósito y el poder infinito del Hon Sha Ze Sho Nen para enviar la energía Reiki a través del tiempo y de grandes distancias, los sanadores pueden encontrar necesario combinarlo con otros símbolos de segundo grado. A los estudiantes se les enseñan diferentes formas de invocar los símbolos de Reiki dependiendo de su linaje. En uno de ellos, se les puede animar a utilizar los tres símbolos con los que están sintonizados durante sus estudios de Segundo Grado. Además, pueden utilizar los símbolos por sí mismos o combinarlos con las colocaciones de las manos, incluso si el receptor de la energía no está presente. Otro linaje puede pedir a los estudiantes que utilicen solo el Hon Sha Ze Sho Nen y desaconsejar el uso de los otros dos. A otros se les deja decidir cuál de los tres símbolos utilizar según las circunstancias individuales.

Algunos practicantes han desarrollado un arreglo llamado "sándwich de Reiki". Este sándwich consiste en invocar un símbolo, poner otro encima, y luego el tercero encima hasta alcanzar el efecto deseado. Aunque esto puede parecer una complicación innecesaria, si los sanadores no están familiarizados con la persona que están tratando, es un enfoque útil. Después de todo, si no tienen mucha información sobre la persona, no pueden evaluar sus problemas. Conectar con esta persona puede requerir más esfuerzo por parte del sanador, y el sándwich de Reiki puede multiplicar sus esfuerzos.

El proceso de curación a distancia

En primer lugar, el practicante de Reiki debe establecer la voluntad del receptor de participar en una sesión de curación a distancia. Solo puede enviar la energía hacia una persona que desee recibirla. También es aconsejable conectar con una sola persona a la vez, ya que esto permite concentrarse mejor y obtener mejores resultados al transferir el Reiki. Una vez elegida la persona con la que desea conectarse y obtenida su aprobación para realizar una sesión, puede proceder al proceso de sanación a distancia siguiendo los siguientes pasos.

1. Prepárese y prepare su espacio

Asegurarse de no ser molestado durante la sesión es tan crucial durante la curación a distancia como lo es proporcionar el tratamiento en persona. Pregunte al receptor la hora exacta en la que le convendrá recibir Reiki y planifique su sesión en consecuencia. Obtenga una fotografía o un objeto personal del receptor y alguna información personal para descubrir el motivo de sus consultas. Si escribe esta información en un papel o en el reverso de la fotografía, canalizará su intención. Colocar el papel o la fotografía junto a una vela puede dar aún mejores resultados.

2. Preparar al receptor

Dependiendo del tipo de curación que esté recibiendo, del lugar que elija para recibirla y de la duración de la sesión, una persona necesitará estar preparada para la transferencia de energía de diferentes maneras. Por ejemplo, si alguien solo necesita un rápido impulso de energía para un evento próximo, lo único que necesita es estar abierto cuando reciba el Reiki. Puede hacerse en cualquier momento, y no le llevará más de 10 minutos. Otras sesiones más extensas requerirán que el receptor se siente y se acueste cómodamente durante al menos 30 minutos.

Después de acordar la hora exacta de la sesión, pida al receptor que se ponga en una posición cómoda justo antes de que comience la sesión. Deberá encontrar un lugar en el que no le molesten para recibir la energía del Reiki durante la sesión. A menudo, cerrar los ojos les ayuda a relajarse y permite una conexión más profunda. Sin embargo, también pueden dejarlos abiertos si no se sienten cómodos manteniéndolos cerrados durante toda la sesión.

3. Establecer una conexión

Cierre los ojos y apriete las manos delante del pecho. Recite el nombre del destinatario mientras se concentra en su imagen en su mente. Haga esto en voz alta una vez y dos veces más en silencio. Para establecer una conexión, visualice el símbolo de curación a distancia en la parte de su cuerpo que más necesita el Reiki. Esto activará el símbolo, de modo que podrá enviarlo para potenciar su intención. Invite a la energía del receptor a su mano o a su mente, dependiendo de la técnica que utilice para la transferencia de energía. A continuación, utilice el símbolo de curación a distancia para conectar con esta esencia.

4. Transferir la energía

Cuando se forma una conexión con el receptor, es el momento de transferirle el Reiki. Esta transferencia puede hacerse de varias maneras. A los principiantes les puede resultar más fácil levantar las manos, con las palmas orientadas hacia la imagen del receptor. Pueden canalizar la energía hacia el receptor, como lo harían con la persona que está sentada frente a ellos. Otra forma de transferir Reiki es a través del objeto que simboliza al receptor. Sosteniendo este objeto en sus manos, deje que la energía fluya hacia él. Para obtener los mejores resultados, se recomienda continuar este proceso durante 30 minutos. Concéntrese en el símbolo todo el tiempo para mantener la conexión y facilitar la transferencia ininterrumpida de energía.

5. Cierre la sesión

Cuando sienta que la energía se ha transferido, puede cerrar la sesión agradeciendo en silencio al receptor su cooperación. Después de un rato, puede pedirles su opinión sobre su experiencia y si han recibido todas las respuestas, la orientación o la curación que necesitaban. Si no es así, se pueden repetir las sesiones de curación.

Consejos para una sesión de curación exitosa

Tenga en cuenta que el tiempo que tarda una persona en curarse depende de la profundidad de su trauma. Cuanto más extendidos sean sus problemas, más tiempo les llevará superar sus dificultades. Si es necesario, y solo si están dispuestos, puede trabajar todo su sistema energético centrándose en un chakra cada vez. Con la suficiente práctica, percibirá sus vibraciones, sus emociones y sus síntomas físicos. Esto le permitirá abordar el problema más directamente dirigiendo el Reiki justo donde más se necesita. Hasta que pueda hacer esto, inspeccione cada uno de sus chakras enviándoles una pequeña cantidad de energía para determinar cómo reaccionan sus chakras. Como sus campos energéticos estarán conectados, cualquier cosa que haga a la energía de ellos resonará con cambios en la suya también. Un cambio positivo en uno de sus chakras significa un cambio igualmente favorable en el chakra del receptor.

La experiencia de cada receptor varía en función de su sensibilidad al Reiki y de su desarrollo espiritual general. Puede que una persona no sea demasiado receptiva al principio, pero a medida que experimenta la curación desde su interior, se vuelve más abierta y optimista sobre el resultado de sus sesiones. Este aumento de la positividad en su campo energético les aporta calma y a menudo resulta en un proceso de curación acelerado. Otras veces, el aumento de la sensación de bienestar general de la persona le capacita inmediatamente para formar pensamientos más positivos. Esto se suele utilizar para sanar los traumas presentes y animar a las personas a afrontar el futuro, mientras que las heridas del pasado suelen requerir conexiones espirituales y energéticas más profundas.

Técnicas adicionales de curación a distancia

Aparte de las tradicionales sesiones individuales, un grupo de practicantes de Reiki también puede llevar a cabo la curación a distancia. Las sesiones de grupo les permiten abordar varios temas en una sola sesión, siguiendo un camino previamente determinado para cada participante. Todos los practicantes se sentarán en un círculo, frente a frente, lo que les permitirá formar una conexión entre ellos. Si van a sanar a varios individuos, cada practicante colocará la fotografía (o un objeto que pertenezca a su objetivo) y establecerá una conexión con este individuo. A continuación, canalizarán el Reiki hacia el centro del círculo, magnificando su poder antes de enviarlo al receptor. A menudo, uno de los practicantes experimentados actuará como facilitador, utilizando su intención para ayudar a los demás a centrarse y volver al presente cuando la sesión haya terminado. Estas sesiones suelen celebrarse para ayudar a los estudiantes del Segundo Grado a adquirir la destreza de utilizar los símbolos curativos a distancia. Después de cada sesión, se pide a los estudiantes que compartan sus experiencias y lo que han aprendido durante la sesión.

Otro método de curación a distancia utilizado en grupos es la canalización de la energía del grupo hacia un practicante, que luego transmite este Reiki colectivo hacia el receptor. En este caso, un practicante se sitúa en el centro del círculo y acepta la energía que viene hacia él, lo que multiplica su energía curativa. Después de enviarla al receptor, el practicante es devuelto al presente por la persona sentada más cerca de sus pies. Esta persona le toca los pies y le pide que vuelva y le revele si la transferencia ha tenido éxito.

Durante el parto

Como se mencionó en el capítulo 12, el Reiki hace maravillas con las mujeres embarazadas. Genera energía positiva para que puedan afrontar los inevitables cambios físicos y emocionales. Sin embargo, no todas las mujeres tienen acceso a un practicante de Reiki. No tema. Como hemos aprendido en este capítulo, el Reiki se realiza a distancia para facilitar a quienes lo necesitan, y las mujeres embarazadas no son la excepción.

Algunas disfrutan religiosamente de una sesión de Reiki durante todo el embarazo, y otras solo cuando hay necesidad o se acerca la fecha del parto. Para ello, el practicante solo necesita un objeto personal para transmitir la energía del Reiki a la persona.

Pero lo más prometedor e increíble del Reiki es que puede realizarse durante el parto. Puede no parecer plausible, pero es muy factible y eficaz. Muchas utilizan los servicios de una doula. Sin embargo, muchos centros de maternidad ya no les permiten entrar en la habitación durante el parto. Un practicante de Reiki supera este problema realizando la sesión a distancia. *¿No es fantástico?* Basta con ponerse en contacto con el practicante, informándole de que ha llegado el momento de entregar su hermosa bendición y recibir la abundante energía positiva del universo. Esta práctica, especialmente desde el COVID, se ha hecho, como es lógico, cada vez más popular.

Uso de la tecnología

Hoy en día, no es raro que los practicantes utilicen métodos no convencionales para la curación a distancia. Los teléfonos y otros aparatos que utilizan medios digitales también sirven como recipiente para la energía Reiki. En todo caso, los avances tecnológicos facilitan aún más a los practicantes la conexión con el símbolo de la sanación a distancia y la canalización del Reiki hacia la persona con la que se comunican. Tanto si se trata de una respuesta, una guía o una curación que la persona busca, puede recibirla mientras se comunica con el practicante y le envía información inmediata sobre su experiencia. Además, según la mayoría de los practicantes, esta puede ser una gran manera de evitar las interacciones superficiales que a menudo tenemos a través de la tecnología digital. Al establecer conexiones más significativas con personas de todo el mundo, podemos sanar traumas de los que ni siquiera éramos conscientes y tener una vida más equilibrada y feliz.

Capítulo 14: Chakras, Péndulos y cristales en el Reiki

El Maestro Usui, fundador del Reiki tradicional tal como lo conocemos, planteó varias técnicas y principios utilizados para crear diferentes tratamientos de Reiki. Las diversas técnicas utilizadas en Reiki, específicamente las planteadas por el Maestro Usui, se basaron en su investigación, su comprensión, las necesidades de sus clientes y lo que él pensaba que era un buen enfoque para manejar los desafíos en una situación particular. Es importante señalar que esas prácticas se plantearon hace algo más de cien años. Desde entonces, los problemas a los que nos enfrentamos, la vida que llevamos y las regiones y culturas en las que se practica el Reiki son muy diferentes a la época del maestro Usui.

Además, el Reiki se extendió a nuevas regiones y donde la gente sentía que las enseñanzas del Reiki eran similares o estaban en línea con sus creencias y cultura local. Desarrollaron sistemas híbridos, incluyendo el Reiki y la cultura local. Además, las personas que han estudiado el Reiki tradicional muy de cerca, y lo han practicado, han combinado sus conocimientos con la experiencia del mundo real y los han llevado a nuevos conocimientos y a una mejor comprensión del arte del Reiki. Estos practicantes han operado en la actualidad con experiencias que simplemente no eran posibles en la época del Maestro Usui. Estos expertos han desarrollado nuevas técnicas para el uso del Reiki. Algunas de estas técnicas son totalmente nuevas y diferentes del Reiki tradicional, mientras que otras son enfoques ligeramente modificados y actualizados del Reiki tradicional.

En cualquier caso, el Reiki tiene como objetivo proporcionar curación, paz y felicidad a la persona o al practicante que lo utiliza para su propio bienestar. Si eso significa atenerse a las prácticas tradicionales de Reiki, es estupendo. Si significa utilizar formas modificadas de Reiki o utilizar el Reiki junto con otras curaciones alternativas, también es estupendo siempre que los resultados sean deseables y seguros para la persona.

Formas alternativas de curación en el Reiki

Si tiene formación y experiencia en el tratamiento de los chakras, en el trabajo con péndulos o conoce bien los cristales energéticos y sus beneficios, puede combinar estos conocimientos con el Reiki para obtener resultados fantásticos.

Uso de los péndulos

Puede ser un poco desafiante cuando se está empezando con el uso de los cristales. En primer lugar, tiene que entender el péndulo y cómo utilizarlo correctamente. Además, también debe asegurarse de tener un péndulo con el que sea relativamente fácil trabajar. Hay muchos péndulos decorativos disponibles, que no son más que objetos bonitos para poseer.

Si piensa sacarle partido al péndulo en el mundo real, debe estar hecho de una piedra pura y natural, y preferiblemente una piedra neutra, como el cuarzo. Si quiere obtener resultados aún mejores, opte por un péndulo de madera, ya que esta es más neutra y no es receptiva a las energías negativas al contrario que la piedra o el metal.

Otra cosa que hay que tener en cuenta es la forma del péndulo. Muchos péndulos decorativos están diseñados en una plétora de formas extrañas con diversos elementos decorativos, como cristales o formas con imágenes. Pueden ser de distintos tamaños y tener formas abstractas. El mejor péndulo es el de forma de lágrima estándar o bonito y cónico. La cabeza del péndulo, donde se conecta la cadena, debe ser ancha y la punta del péndulo larga y estrecha. Además, asegúrese de que el péndulo tenga superficies redondas; los péndulos con bordes afilados y de forma cuadrada no son buenos para la precisión.

La cadena del péndulo no es una gran preocupación. Algunas personas prefieren cuerdas naturales como el cáñamo o el yute, pero las cadenas funcionan perfectamente. Solo asegúrese de que la cadena es lo suficientemente larga y de que el peso del péndulo es lo suficientemente ligero para que pueda sostenerlo durante periodos prolongados.

Programación de los péndulos

Cuando obtenga su péndulo, lo primero que debe hacer es programarlo. Incluso si ha estado utilizando su péndulo para otras cosas, es importante reprogramarlo para la tarea de curación y detección de energía. A diferencia de la mayoría de los escenarios en los que se le pide al péndulo que elija entre dos opciones o que proporcione una simple respuesta de sí o no, usted necesita tener tres opciones al tratar las energías. Estas pueden indicarse como:

- El sujeto está trabajando tan adecuadamente como debería
- El sujeto es hiperactivo y trabaja más de lo necesario
- El sujeto está poco activo y trabaja menos de lo necesario

Por ejemplo, cuando compruebe el estado de un chakra, que es una práctica común en la curación Reiki, el péndulo le dirá el estado de ese chakra. Si quiere determinar problemas en el aura, evaluar un objeto inanimado o comprobar la salud física de alguien, necesita tener esta programación. Tres opciones es lo máximo que quiere para su péndulo, y esto también le ayudará a estructurar sus preguntas para obtener una respuesta definitiva. Si necesita comprobar varias cosas o buscar respuestas diferentes, siempre puede reprogramar el péndulo para que funcione en ese escenario. Sin embargo, es mejor dedicar un péndulo a una tarea concreta y si necesita más información, tener otro péndulo para ese trabajo.

Los movimientos que puede establecer en el péndulo para sus respuestas pueden ser:

- Para indicar que las cosas están bien y funcionan como deberían, se puede pedir al péndulo que se mueva hacia adelante y hacia atrás, como si sacudiéramos la cabeza.
- Si el sujeto es hiperactivo, se puede pedir al péndulo que se mueva en el sentido de las agujas del reloj.
- Si el sujeto es poco activo, se puede pedir al péndulo que se mueva en sentido contrario a las agujas del reloj.

Si prefiere configurarlo de otra manera, hágalo como crea conveniente, aunque estos ajustes funcionan bastante bien. Incluso si es nuevo en la práctica del péndulo, estos tres movimientos están bien definidos y son muy fáciles de captar, aunque solo obtenga una débil respuesta del péndulo.

La radiestesia con péndulo

Con el péndulo programado, puede pasar al proceso de radiestesia. Al igual que otras formas de Reiki, esto puede hacerse a distancia. Sin embargo, necesitará una foto de la persona en la que pueda ver los siete chakras. Por lo tanto, una foto de ellos desde las rodillas y hacia arriba funcionará muy bien. Además, si lo hace en usted mismo, hágalo en su cuerpo directamente o utilice una foto suya.

Se recomienda comenzar con un proceso de limpieza, conexión a tierra y vinculación para usted, el péndulo y la persona a la que está tratando. Haga que la persona se tumbe de espaldas y se relaje. Realice técnicas de relajación, como la visualización, la meditación, la aromaterapia, la terapia de sonido o cualquier otra técnica con la que se sienta cómodo para limpiar su mente y comenzar con una base energética fresca y neutral. Usted y su cliente deben entrar en un estado mental claro para obtener la mejor precisión en sus hallazgos.

Puede empezar por cualquier chakra o centrarse en un chakra concreto que sepa que necesita ser tratado. Sin embargo, se recomienda empezar por un extremo de la línea de chakras y trabajar de forma secuencial. A veces, cuando hay un problema con un chakra, este interfiere con el funcionamiento de los otros chakras. Aunque trate el chakra con el problema, no aborda los desequilibrios que ha creado en el resto del sistema.

La radiestesia de los chakras es un proceso de tres pasos. En el primer paso, usted evalúa el estado de cada chakra. En el segundo paso, usted corrige el funcionamiento, y en el tercero, vuelve a revisar cada chakra y comprueba la armonía de todo el sistema.

Si se empieza por el chakra de la corona, se comienza sosteniendo el péndulo por encima del chakra y se espera a ver cómo responde el péndulo a la energía emitida. Algunos practicantes dicen una pequeña oración en su mente a los dioses espirituales para que les guíen o piden directamente al péndulo que les revele el estado del chakra en cuestión. A través del movimiento del péndulo, usted sabrá qué es lo que está mal o si hay algo malo en ese chakra en particular. Es aconsejable que anote en un papel sus conclusiones de la primera pasada para poder consultarlas más adelante en el proceso.

El siguiente paso es pasar por los diferentes chakras y comenzar el proceso de restauración. Por ejemplo, si el chakra de la corona estaba poco activo, en la segunda ronda, sostendrá el péndulo por encima del chakra de la corona y esperará a que entre en el movimiento que refleja su estado actual. A continuación, pida al universo, a sus guías espirituales, a los arcángeles, a los antepasados o a cualquier otra fuerza en la que confíe que corrija la situación. Mientras sostiene el péndulo por encima de ese chakra, notará que el péndulo comienza a cambiar su movimiento y se desplaza hacia el estado neutral. Si establece esto como un movimiento de ida y vuelta, este es el objetivo del péndulo. Es esencial que mantenga su mente totalmente despejada durante este proceso, para que no interfiera en la transmisión de energía del péndulo ni en su lectura. Utilizando esta técnica, muévase por los diferentes chakras rectificando los problemas existentes.

Cuando haya completado la segunda etapa, vuelva a repasar todos los chakras para asegurarse de que están todos como usted los programó. Al mismo tiempo, debe rezar y meditar sobre la idea de mantener la armonía en todo el sistema de chakras. A veces, el cuerpo no está acostumbrado al nivel de energía normal de un chakra, y cuando ese chakra empieza a funcionar como debería, puede desviar el rumbo del resto del cuerpo. Después de completar el proceso, termine la práctica con un ejercicio de limpieza y conexión a tierra para sellar la energía. Agradezca al universo y a sus guías energéticos y devuelva a la persona desde el estado de meditación profunda a un nivel de conciencia regular.

Comprender los chakras a través de los cristales

Otra forma popular de entender los chakras y gestionar su comportamiento es a través de los cristales. Cada chakra se asocia con diferentes aspectos, como los colores, las partes del cuerpo, los números y también con piedras y cristales naturales específicos. Por ejemplo, el chakra de la corona se asocia con las piedras de la luna y los diamantes. Estos cristales resuenan de forma natural con este chakra y con la frecuencia energética que proporciona. A menudo, las personas que desean mejorar el rendimiento de un determinado chakra llevan la piedra asociada aumentando el poder de ese chakra y sus beneficios. Algunas piedras asociadas a varios chakras son:

1. **Chakra de la corona** - Se asocia con la selenita, el diamante y la piedra de luna
2. **Chakra del tercer ojo** - Se asocia con la fluorita y al cuarzo
3. **Chakra de la garganta** - Se asocia con la aguamarina, la turquesa y la sodalita
4. **Chakra del corazón** - Se asocia con el peridoto, el granate y la malaquita
5. **Chakra del plexo solar** - Se asocia con el ámbar, el ojo de tigre y el topacio
6. **Chakra sacro** - Se asocia con calcita naranja, piedra de oro y cornalina
7. **Chakra de la raíz** - Se asocia con el jaspe rojo, el rubí y la piedra de sangre

Esta lista le permite comprender qué piedra debe utilizar para tratar un chakra concreto. Sin embargo, antes de llegar al tratamiento del chakra, necesita identificar el problema, de forma similar a como se identificó con el péndulo.

La mejor piedra para hacerlo es la selenita, ya que es una piedra cargada positivamente con energía neutra y también es muy sensible a otras energías.

El proceso se conoce como limpieza con selenita, ya que ayuda a detectar el problema y a eliminar las energías dañinas presentes. Puede utilizar un pequeño trozo de selenita; unos 15 centímetros de largo funcionarán muy bien. Algunas personas prefieren trozos mucho más grandes llamados varitas de cristal, mientras que otras prefieren trozos del cristal en su forma natural. Todas las cosas funcionan igualmente bien. Se trata de lo que mejor funcione para usted.

De nuevo, comience con un proceso de limpieza, conexión a tierra y vinculación para ponerse en sintonía con la energía de la piedra, "escuchar" a la piedra y dejar que su cliente entre en un estado mental en el que irradie su energía natural de forma tranquila y constante.

A continuación, con su piedra de selenita en la mano, repase todos los puntos principales de los chakras del cuerpo y recorra todo el cuerpo para obtener cada parte del aura. El objetivo es extraer cualquier energía negativa con este cristal de selenita y comenzar la primera capa del proceso de curación eliminando la acumulación excesiva de energía y eliminando la energía dañina. Mantenga la piedra de selenita a unos 15 centímetros del cuerpo del sujeto y recorra toda su aura, prestando especial atención a las regiones de los chakras. El otro propósito de este proceso es comprender el estado energético del cuerpo, por lo que es aconsejable recorrerlo muy lentamente o hacer dos pases - uno para eliminar la primera capa de energía y un segundo pase para comprobar el estado de la energía.

Otra forma de diagnosticar cuál es el chakra problemático es estudiando los síntomas y discutiendo el asunto con el cliente. Cómo se sienten, sus pensamientos y su salud mental en general. Por ejemplo, el chakra de la corona está asociado con la conciencia, la cognición, la espiritualidad y la capacidad de conectar con el universo. Cuando hay un problema aquí, la gente suele quejarse de que siente la cabeza pesada, tiene pensamientos nublados, no puede experimentar la creatividad como antes y está estresada y bajo presión mental y ansiedad. Del mismo modo, todos los demás chakras también muestran diferentes problemas físicos y emocionales cuando algo va mal en ellos, y a través de estas deducciones, entenderá el origen del problema.

Con la selenita en la mano, puede identificar las principales áreas problemáticas y pasar al proceso de curación utilizando los cristales adecuados.

Uso de los cristales para gestionar los chakras

La curación con cristales de los chakras se realiza de diferentes maneras según la situación. Además, hay varias piedras asociadas a cada chakra, así que utilice la piedra que tenga más a mano o la que prefiera sobre las demás para un chakra concreto.

Acomódese con una mentalidad positiva, centrándose en su energía. Comience con una meditación o una oración para preparar su mente y su cuerpo para la curación. Sostenga la piedra en su mano dominante y coloque su mano no dominante sobre el chakra que está trabajando. Concéntrese en la energía de la piedra que fluye a través de su mano hacia el chakra que está tratando. Otra técnica es tumbarse completamente, colocar la piedra directamente sobre el chakra y concentrarse en la energía.

El enfoque que elija dependerá de lo que funcione para usted, y está completamente bien experimentar con ambas técnicas antes de decidirse. Asimismo, algunas personas prefieren tratar todos los chakras al mismo tiempo. Por ejemplo, colocando todas las piedras en los chakras. Sin embargo, es aconsejable hacerlo uno por uno, para que tenga tiempo de concentrarse en cada chakra y extraer la mayor cantidad de energía de cada piedra. Además, no hay una cantidad de tiempo determinada que deba dedicar a cada chakra. Todo es subjetivo. Cuanto más practique esta técnica, más se familiarizará con lo que le funciona a usted y cómo puede sacar el máximo provecho de cada piedra.

Capítulo 15: Preparación para el tercer nivel

A medida que vaya progresando en las diferentes etapas del entrenamiento de Reiki, notará cómo su curación con Reiki le afecta a usted y a los demás a medida que su capacidad de curación se amplía. Este progreso es particularmente importante para las personas que buscan sanación a través del Reiki para problemas más complejos o severos. Aunque el primer nivel de Reiki tiene un profundo impacto en las personas que lo experimentan, no es hasta que usted comienza a explorar los niveles superiores que se da cuenta de que hay mucho más potencial. La forma de utilizar el Reiki y cómo puede beneficiar a los demás crece exponencialmente a medida que adquiere más conocimientos sobre el Reiki.

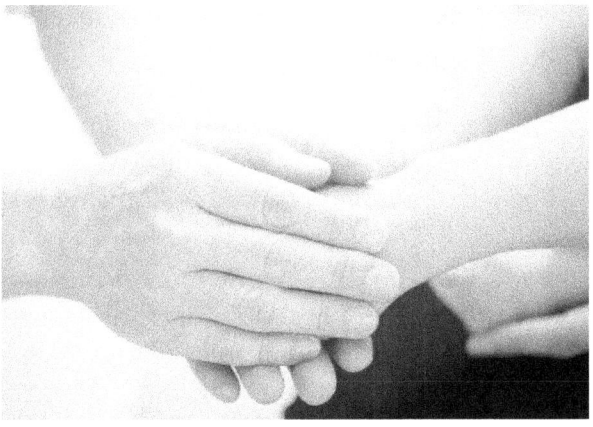

A medida que avanza por las diferentes etapas, no solo los conocimientos se vuelven más complejos, sino que también tiene que modificar su enfoque para aprender y experimentar con esos conocimientos. Se necesitará más tiempo y práctica para dominar realmente estos conjuntos de habilidades avanzadas. Y lo que es más importante, es posible hacer las cosas por su cuenta en los primeros niveles, pero a medida que avanza, se hace crucial tener un Maestro que le guíe en el proceso y le ayude en la fase de sintonización durante las transiciones. Muchas personas que empiezan con un programa de Reiki con los ojos puestos en la etapa final, el nivel de Maestro, no se dan cuenta de que son los pasos que conducen a esa etapa los que constituyen el principal atractivo. Sin una base sólida en los prerrequisitos, es imposible alcanzar el nivel de Maestría.

Los símbolos

De estos aspectos básicos, uno de los más importantes en el segundo nivel son los símbolos. Así, un solo símbolo no es más importante que otro, sino que es la forma en que usted utiliza ese símbolo lo que determina su eficacia. Los símbolos combinados con sus respectivos mantras pueden cambiar por completo la forma de curar a la gente y darle habilidades que antes no tenía, como curar a la gente a distancia.

El símbolo de poder es probablemente el que más utilizan los practicantes entre los tres símbolos. Los símbolos que utilice dependerán de la curación. Sin embargo, teniendo en cuenta la naturaleza del símbolo de poder, todos pueden utilizarlo en algún momento. Puede utilizar este símbolo de varias maneras. Algunos practicantes prefieren dibujarlo en la palma de la mano con el dedo, y otros prefieren visualizarlo, mientras que otros lo tienen en su habitación para mirarlo y meditar en él mientras practican. Sin embargo, guarde los símbolos para sí mismo y refiérase a ellos de memoria, ya que tenerlos en la zona podría distraer a sus clientes, y la curación será ineficaz.

Puede utilizar el símbolo de poder de muchas maneras, y cuanto mejor pueda aplicarlo a diferentes situaciones, más eficaz será. Por ejemplo, puede utilizarlo para limpiar el entorno, especialmente cuando esté en su sala de curación o donde trabaje con clientes. Es una herramienta excelente para limpiar los rincones de la habitación, las paredes, los suelos e incluso el techo. Mientras esté en su mente, apoye las manos en la superficie que desee limpiar y elimine la energía no deseada. Además, puede utilizar este símbolo de poder sobre cosas vivas y no vivas. Sirve como un poderoso disuasivo de la energía negativa y ayuda a cargar los objetos con energía perdida o que no se sienten tan potentes como antes.

Mientras que el símbolo de poder se utiliza sobre todo para las cosas físicas, el símbolo de armonía va un paso más allá y pretende trabajar emocional y espiritualmente. Este símbolo se puede utilizar durante su meditación para hacer fluir mejor su energía y calmar la mente. Es un gran símbolo en el que centrarse antes de una sesión de sanación, ya que crea equilibrio y tranquilidad en su mente, permitiéndole centrarse en su energía y despejar su mente de cualquier distracción que pudiera interferir en la transmisión de energía. Además, si sus clientes están experimentando problemas emocionales personales, pasando por un momento mentalmente agotador o si su problema es intangible, este es el símbolo al que debe recurrir. También es un gran símbolo para utilizar después de una sesión de sanación, ya que ayuda a estabilizar el entorno y a cerrar los chakras y las transmisiones de energía. Ya sea como sanador profesional o en su vida personal, este es un símbolo al que debe recurrir con frecuencia. Muchas situaciones perturban nuestros pensamientos, sentimientos y niveles de energía durante la curación o incluso en nuestro día a día. Visitar esta imagen en su mente le ayudará a mantener más coherencia y equilibrio con el aspecto intangible de su vida.

El tercer símbolo es el de la curación a distancia y es probablemente el más famoso en la curación de Reiki. Es el símbolo que suele atraer a los recién llegados interesados en el Reiki. Técnicamente, el símbolo Hon Sha Sho Nen no es un símbolo, ya que combina cinco caracteres Kanji. Sin embargo, se le denomina símbolo por simplicidad. También es el más difícil de memorizar, con muchos trazos diferentes. En lugar de memorizarlo como una imagen, es más eficaz comprender y recordar los diferentes caracteres. Se centrará en este símbolo cuando quiera enviar su energía curativa a alguien a distancia, ya que se utiliza en todas las formas de curación a distancia. Los practicantes modernos prefieren utilizar una foto de la persona que busca la curación. Esta técnica puede utilizarse para la curación a distancia, ya sea utilizando una nota, un mechón de pelo o cualquier objeto personal.

Las técnicas

Hasta ahora, hemos hablado de varias técnicas de curación que puede utilizar para diversos fines. Sin embargo, las técnicas más destacadas y ampliamente utilizadas son las técnicas de limpieza. Entre ellas se encuentran el Hatsurei-ho, el Hanshin Koketsu-ho y el Zenshin Koketsu-ho. Estas prácticas de limpieza ayudan a muchos procesos de curación diferentes y son una gran herramienta para la salud y el bienestar general. Son técnicas excelentes que emplear, ya que ayudan a preparar el terreno para técnicas de curación más específicas.

Es importante practicar ampliamente todas estas técnicas. La eficacia de su tratamiento no se basa en la técnica que utilice sino en su destreza para emplear una técnica concreta. Todas las técnicas señaladas se consideran esenciales y se utilizan para una amplia gama de problemas. Si trata algo muy específico y siente que una determinada técnica no aborda el problema adecuadamente, siempre puede recurrir a otras técnicas. Durante su proceso de aprendizaje, seguir de cerca a un maestro es una forma excelente de aprender cómo los sanadores competentes utilizan estas técnicas en su práctica. Por ejemplo, puede ser todo un reto para un recién llegado visualizar varios símbolos, como el símbolo de poder combinado con el de curación a distancia cuando se cura a alguien a distancia, y recordar la técnica correcta. Los instructores competentes han desarrollado pequeños trucos para facilitar este proceso y, al observarlos, usted obtiene inspiración para idear sus propias estrategias.

Sistemas alternativos de curación

Los sistemas de curación alternativos son un gran complemento para su práctica de Reiki, pero requiere un buen conocimiento de los distintos métodos. Por ejemplo, el proceso de curación con cristales es una forma de curación muy abierta. Los practicantes prefieren utilizar diferentes piedras y diferentes procesos para el mismo problema. Si se trata de algún chakra, se pueden utilizar varias piedras, y hay múltiples formas de utilizarlas, por lo que es importante tomar nota de lo que le funciona a su cliente. Puede que encuentre una gran piedra y una gran técnica, pero el mismo procedimiento no funcionará necesariamente para cada cliente.

Del mismo modo, debe ser muy receptivo a la hora de comprender estas pequeñas diferencias de energía y la eficacia del proceso para determinar la mejor solución para un problema en particular. Un buen punto de partida es utilizar los cristales en usted mismo y meditar con ellos para poder comprenderlos a un nivel más profundo. No hay una forma correcta o incorrecta definida; se trata de lo que funciona para usted y le da a su cliente el mayor valor.

Además, sus clientes también pueden utilizar la curación con cristales por su cuenta. Cosas sencillas como llevar un colgante o una pulsera con la piedra, o mantener la piedra en su casa, pueden ayudar a que la energía de la piedra concreta les influya. Si su cliente trabaja con las piedras en casa, hace limpiezas en casa con la piedra, o simplemente lleva la piedra durante períodos prolongados, gestionará la energía negativa y hará que sus esfuerzos sean mucho más eficaces.

Otras formas de tratamiento, como la radiestesia con péndulo, también requieren mucha práctica y que se convierta en uno con el aparato. Muchas personas pasan por varios péndulos hasta encontrar el que más les resuene. Por ello, es muy recomendable visitar al vendedor en persona y tener una experiencia práctica con el péndulo antes de comprarlo. Podrá sentir la energía y decidir si es o no la elección correcta y adecuada para sus fines. La gente preferirá un determinado tipo de colgante o un material específico para un péndulo, pero puede que no sea así para usted. Sin embargo, siempre es aconsejable quedarse con un péndulo de cristal o de madera. Hay una gran cantidad de piedras y maderas disponibles, así que experimente para encontrar lo que le funciona y luego adquiéralo.

Sintonización

Este puede ser un proceso que cambie la vida de las personas que se someten a la sintonización de nivel 2. La gente que le rodea sentirá e incluso verá fácilmente el cambio en su comportamiento. El proceso de sintonización le proporciona una mejor comprensión del Reiki y de los procesos de curación, acercándole a su energía y mejorando su autocomprensión. Además, desarrolla un vínculo más profundo entre el estudiante y el maestro que realiza la sintonización. Muchos estudiantes pasan por visiones, mensajes, experiencias de vidas pasadas y muchas otras experiencias, que son totalmente normales y esperadas. Por lo tanto, es imperativo que obtenga su sintonización de un maestro que esté bien entrenado y con mucha experiencia para que pueda guiarle a través del proceso de forma adecuada. A través de esta sintonización, también estará más conectado con los guías espirituales para mejorar drásticamente la eficacia de su curación.

Preparándose para el siguiente nivel

Al prepararse para el nivel 2, es fundamental cubrir completamente todos los conceptos del nivel 1 y dominar todas esas técnicas. Si ha pasado un tiempo desde que recibió su primera sintonización, es una buena idea repetirla para ponerse en el estado mental adecuado y refrescar su conjunto de habilidades anteriores.

También es aconsejable controlar de cerca su dieta antes del proceso de sintonización. Una dieta saludable fortalecerá la mente y el cuerpo para la próxima sintonización.

Recuerde el refrán: *somos lo que comemos.* Nada puede ser más cierto. Cada centímetro y gramo de nuestro cuerpo es estimulado y afectado por los alimentos que comemos, el agua que bebemos y el aire que respiramos. La ingesta de alimentos afecta a nuestra funcionalidad en todos los aspectos, desde la alimentación, la calidad de vida, el aspecto, la energía, el envejecimiento y el peso. Otro adagio dice que una dieta sana desarrolla una mente sana. Seguro que ha experimentado lo bien que sabe la comida cuando ha sido preparada y cocinada con amor. Los niños alimentados con la comida de una madre cariñosa y atenta florecerán mientras crecen y desarrollan un cuerpo y una mente sanos.

Los alimentos que comemos afectan a nuestro estado de ánimo y a nuestro temperamento. Por ejemplo, las bayas de saúco y los dátiles mejoran el estado de ánimo; la carne de vaca y los huevos estimulan la erótica, y la carne de vaca y los huevos actúan como tranquilizantes.

Los alimentos naturales y energéticos equilibran y armonizan las emociones de una persona y, a su vez, abren los siete chakras. Cuanto más abiertos estén los chakras, más equilibrados estarán el cuerpo y la mente.

Lo ideal es incorporar verduras y frutas frescas, frutos secos, lentejas, pescado y aceites saludables. Evite los alimentos ricos en proteínas, procesados y con mucha grasa. Además, minimice el consumo de alcohol, ya que embota la mente, ralentiza el cuerpo y reduce sus vibraciones. La cafeína sobreestimula la mente y crea un desequilibrio, así que evítela si es posible.

Además de la ingesta de alimentos, he aquí algunos puntos a tener en cuenta para mantener una dieta saludable:

- Nunca se salte el desayuno. Provoca irritación y ansiedad.
- Mastique despacio, lo que permite una mejor absorción por parte del cuerpo alimentando los nutrientes a los órganos y músculos y desarrollando un sistema inmunológico más fuerte y una mente más brillante.
- Sea positivo al hacer su comida. Su positividad se transfiere a la comida.
- Evite comer porciones grandes y pesadas a última hora de la noche. Lo ideal es no comer al menos 3 horas antes de dormir.

Una dieta sana alimenta un corazón sano. Un corazón sano alimenta un cuerpo sano. Cuando su cuerpo está sano, crea energía positiva. Esta energía positiva se transfiere a usted o a su cliente durante la sesión de Reiki.

Prueba de nivel 2

1. ¿Qué se aprende en el nivel 2 de Reiki?

A. El símbolo del poder

B. El símbolo mental/emocional

C. El símbolo de la distancia

D. Ninguno de los anteriores

E. Todo lo anterior

2. **Una persona debe estar físicamente presente para realizar el Reiki sobre ella.**

A. Verdadero

B. Falso

3. **Si hace un símbolo de Reiki, no funcionará.**

A. Verdadero

B. Falso

4. **El símbolo Cho-ko-rei es el...**

A. Símbolo de poder

B. Símbolo mental y emocional

C. Símbolo de distancia

D. Ninguno de los anteriores

E. Todo lo anterior

5. **Con los símbolos de Reiki, puede...**

A. Limpiar una habitación

B. Cargar la comida y el agua

C. Reforzar y apoyar los cambios positivos

D. Todo lo anterior

E. Ninguno de los anteriores

6. **El Hon Sha Ze Sho Nen se utiliza para el aprendizaje a distancia.**

A. Verdadero

B. Falso

7. **Es posible hacer Reiki para el futuro porque no hay tiempo en el momento actual, pasado o futuro. El único momento que existe es aquel en el que usted se encuentra.**

A. Verdadero

B. Falso

8. **Para la curación a distancia, puede utilizar...**

A. Osos de peluche

B. Fotos

C. Su propio cuerpo

D. Todo lo anterior

E. Ninguno de los anteriores

9. **Cuando se escanea el cuerpo de una persona o se realiza una sesión de Reiki, es posible sentir...**

A. Calor

B. Aire frío

C. Alfileres y agujas

D. Ninguno de los anteriores

E. Todo lo anterior

10. Es posible realizar una curación en grupo a distancia.

A. Verdadero

B. Falso

11. ¿Cuáles 2 símbolos tradicionales de Reiki son Kanji japoneses?

A. 1 y 2

B. 1 y 4

C. 2 y 3

D. 2 y 4

E. 3 y 4

F. 3 y 1

12. ¿En qué símbolo de Reiki influye el símbolo japonés Kiriku?

A. 4

B. 2

C. 3

D. 1

13. La palabra Waka en japonés se traduce...

A. Una parábola

B. Un palo con el que se puede vencer al tiempo

C. Un ritual de incienso

D. Un poema

14. ¿Cuándo se introdujeron los chakras en el sistema de Reiki?

A. 1720s

B. Finales de 1800

C. Principios del siglo XX

D. 1980s

15. La hija de Mikao Usui se llamaba...

A. Toshiko

B. Mariko

C. Susan

D. Tokiko

16. **El entrenamiento de Reiki conocido como Shinpiden es en el...**

A. Nivel 1

B. Nivel 2

C. Nivel 3

17. **El mejor péndulo para utilizar en la curación con Reiki es...**

A. Un péndulo de oro puro

B. Un péndulo de plata pura

C. Un péndulo de madera

D. Un péndulo de cristal

18. **La mejor piedra para la curación con Reiki es...**

A. Obsidiana negra

B. Selenita

C. Su tipo de piedra favorito

D. La piedra favorita del destinatario

E. La piedra asociada al chakra

Índice de términos

El mundo del Reiki es muy amplio. Se pueden utilizar muchas técnicas, posiciones que aprender y cosas que tener en cuenta con esta forma de curación energética. Mucha gente puede sorprenderse al saber que hay mucho más en el Reiki que simplemente tumbarse y colocar cristales curativos en cada uno de los siete chakras. Si es nuevo en el Reiki y en la sanación de los chakras, lo más probable es que haya perdido la pista de toda la nueva terminología (incluso los expertos se confunden a veces). Sin embargo, consultar este índice de términos puede ser de gran ayuda.

Usui Reiki/ Usui Shiki Ryoho

Usui Reiki es un sistema o arte de curación japonés. Fue establecido por Mikao Usui, que estaba en una búsqueda para entender la curación hace un poco más de un siglo. Reiki significa en japonés "energía vital universal", en la que se basa el sistema Usui. Un practicante puede sanar su energía vital y la de los demás. La curación es el estado de restauración de la integridad y la armonía, y este sistema aborda los aspectos mentales, emocionales, físicos y, por supuesto, espirituales de nuestra existencia humana. Incluso puede sanar elementos del ser que no pueden ser captados o identificados.

El crecimiento personal, la práctica curativa, el orden místico y la disciplina espiritual son los cuatro componentes de Usui Reiki. Estas características se basan en una premisa clave de la práctica y en una filosofía conocida como los *Nueve Elementos*. La combinación de todos ellos, así como sus interconexiones, crea un sistema con un potencial probado y predefinido para ayudar a las personas a experimentar el desarrollo, la curación y la iluminación espiritual. Si falta o se altera un elemento, ya no se consideraría como sistema Usui Reiki.

Sintonización de Reiki

El Reiki es un arte de curación único que se transmite al estudiante de manos de su Maestro. Este proceso se realiza a través de la sintonización, que es un estado que permite al estudiante forjar una conexión con la fuente de energía vital universal. Estar sintonizado con esta energía le permite convertirse en un canal de Reiki. En este estado puede mover la energía vital universal para usted y para los que le rodean. Aunque este libro está lleno de posiciones y métodos, no funcionarán ni le ayudarán con su práctica de Reiki a menos que esté sintonizado.

La sintonización de Reiki es una experiencia espiritual muy poderosa y personal. El proceso implica que un Maestro de Reiki abra sus vías energéticas, permitiendo que la energía Reiki fluya libremente por su cuerpo. Es posible que sienta un relámpago u hormigueo en su cuerpo, lo que indica que se están produciendo efectos curativos. Los practicantes y estudiantes de Reiki afirman que la sintonización aumenta la sensibilidad psíquica y la conciencia intuitiva.

Shoden

Shoden es una palabra japonesa que se traduce como "primera enseñanza". Por eso se refiere al primer nivel de enseñanza o aprendizaje, Usui Reiki Ryoho. En este nivel se aprende Reiki en uno mismo y se practica en amigos y familiares solo al final del nivel. En este nivel, el estudiante recibe cuatro sintonizaciones y aprende los preceptos para utilizar la energía.

Okuden

Okuden es una palabra japonesa que se traduce como "enseñanzas internas". Como puede deducir de su significado, esta palabra hace referencia a un nivel de enseñanza en el que se obtiene una comprensión y conexión más profunda con el Usui Reiki Ryoho. Este nivel ofrece técnicas que impulsarán el flujo de energía en su cuerpo, ayudándole a realizar una sanación más profunda para usted, sus amigos y su familia. Okuden también suele ofrecerle algunas de las herramientas para embarcarse en un viaje de práctica profesional de Reiki.

Shinpiden

Shinpiden es una palabra japonesa que se traduce como "enseñanzas misteriosas". Es el tercer y último nivel de las enseñanzas de Usui Reiki Ryoho. Este nivel es ideal para aquellos que desean profundizar en el conocimiento de las artes y prácticas tradicionales de sanación espiritual y enriquecer su sentido de sí mismo y su viaje de crecimiento espiritual. Este nivel de enseñanza también está dirigido a aquellos que desean embarcarse en su propio viaje de enseñanza de Usui Reiki, aunque no es un requisito. Shinpiden simplemente le ofrece la oportunidad de ampliar su práctica. Este nivel de enseñanza se basa en los fundamentos establecidos por las prácticas de Shoden y Okuden.

Reiki Karuna

El Reiki Karuna es un sistema de Reiki de mayor vibración que el Reiki Usui. Este sistema incluye numerosas meditaciones conectadas con ángeles, arcángeles y Maestros Ascendentes. La práctica también incluye meditaciones para guiarle en el viaje hacia el autoperdón y el perdón de los demás. En otras palabras, el núcleo del Reiki Karuna es el aprendizaje de la comprensión, la aceptación y el perdón. Aunque este es el corazón de todas las prácticas de Reiki, el Karuna se centra más en este elemento, lo que permite a sus practicantes experimentarlo más profundamente que otros sistemas de Reiki.

Reiki Angelical

El Reiki angelical es una forma de curación física y espiritual. Como hemos mencionado anteriormente, la sintonización de una sesión de Reiki tradicional proviene del Maestro. Mientras tanto, en el Reiki angelical, la sintonización es transmitida por los ángeles a los estudiantes. El Reiki Usui implica la memorización de símbolos para que la energía fluya. Sin embargo, este no es el caso en el Reiki angelical. Los símbolos se transmiten al cuerpo del estudiante en el proceso de sintonización. La sintonización del sistema de Reiki angelical prepara el cuerpo del estudiante para las vibraciones superiores que recibe de los ángeles.

Seichim

Originario de Egipto, Seichem se traduce como "poder" o poder de todos los poderes. Es muy similar a los sistemas de Reiki en el sentido de que trata con nuestras entidades superiores para equilibrar las emociones y el estado mental de una persona. Muchos practicantes lo utilizan también para curar dolencias físicas. El Seichim es ideal para trabajar con cuestiones mentales y emocionales y es muy adecuado para las conexiones espirituales más profundas porque es una energía de luz viva con vibraciones más altas que el Reiki. Los practicantes pueden recibir y transmitir Seichim, de forma muy parecida al Reiki. También pueden colocar sus manos sobre los campos de energía de una persona, o chakras, para llevar a cabo el proceso de curación.

Gakkai

La Gakkai es una organización fundada por Mikao Usui. Al establecerse, la Gakkai no ofrecía ni clases ni seminarios. Solo celebraban reuniones de Reiki, por lo que la afiliación se obtenía mediante una cuota. Los miembros de la Gakkai podían entrar en las reuniones semanales sin tener que hacer pagos adicionales. Los miembros solían recibir el Reiju, un ritual que es uno de los cinco elementos del Reiki, por parte del Shihan o Maestro de Reiki. Cuando Usui sensei aún vivía, había más de 60 delegaciones. Sin embargo, hoy en día, solo hay dos. Una está en Kobe, al oeste de Japón, y la otra en Tokio, donde se encuentra la sede de la Gakkai. En la actualidad, no hay más de 200 miembros de la Gakkai. Se ha convertido en una sociedad de puertas cerradas, donde no son bienvenidos los practicantes de otros estilos de Reiki.

La fuerza vital

El sol es la fuente de la vida en la Tierra. Es un elemento sin el que ningún ser vivo podría sobrevivir. Una técnica de curación (técnica pránica) conecta el corazón solar del individuo con la entidad que da vida, el sol. Por lo tanto, pasar tiempo al sol nos permite absorber espiritualmente la luz que cura nuestros pranas. Este simple acto permite que la luz pránica viaje a través de las redes de nuestros nervios. El prana es la "energía vital". Este elemento resulta ser la base de toda la creación. Permite que nuestros cuerpos se conecten con la vida y la conciencia. Nuestra fuerza vital es lo que nos sostiene mientras atravesamos los interminables ciclos de reencarnación. Su fuerza vital es el potencial de su alma.

Aura

Su campo de energía espiritual se denomina aura. El aura rodea a todos los seres vivos. Su tonalidad puede ayudarle a comprender sus emociones espirituales y emocionales, así como su salud en general. Ver el color del aura de una persona a simple vista es poco común. Las auras, en cambio, son palpables. Por ejemplo, se puede sentir fácilmente entre individuos cálidos, burbujeantes y negativos.

Hay siete capas, también conocidas como *planos o cuerpos*, en el aura. Cada plano representa algo único. El plano del aura física está asociado a nuestra salud física y es el más cercano a nuestro cuerpo. Nuestras emociones están relacionadas con el plano del aura emocional. Su tonalidad depende en gran medida de nuestros estados de ánimo, lo que implica que es variable. El plano del aura mental corresponde a nuestra forma de pensar, a la lógica y a los pensamientos. La cuarta capa alejada de la piel, el plano del aura astral, está relacionada con nuestro bienestar espiritual y nuestra capacidad de amar. Nuestros poderes psíquicos se encuentran en el plano del aura etérica; este plano indica que cualquier individuo puede aprovechar fácilmente las energías de los demás y conectar con otros que comparten su frecuencia. El plano del aura celestial es donde encontramos nuestros sueños y nuestra intuición. La iluminación y la creatividad también están asociadas a esta dimensión. El plano del aura causal es el último cuerpo del aura, y equilibra todos los niveles y nos dirige a lo largo de nuestros caminos vitales.

Los colores de nuestras auras corresponden a los siete chakras principales: las auras rojas corresponden al chakra de la raíz, las naranjas al chakra del sacro, las amarillas al chakra del plexo solar, las verdes y las rosas al chakra del corazón, las azules al chakra de la garganta, las moradas y las violetas al chakra del tercer ojo y las blancas al chakra de la corona (que es muy poco frecuente). Existen numerosas formas de determinar el color de su aura. Por ejemplo, puede leer más sobre el color de su aura y su chakra correspondiente para conocer su significado. Si el color de su aura es negro, necesita soltar las emociones y los pensamientos negativos para permitir el flujo de energía adecuado.

Gassho

Gassho significa en japonés "palmas de la mano colocadas juntas". Este gesto está muy extendido entre varias escuelas hindúes y budistas y puede utilizarse como un saludo, un método para expresar agradecimiento o para hacer una petición. Este movimiento también puede emplearse como mudra, que es un signo de meditación. En el zen japonés, el gassho es el más utilizado. Consiste en juntar las dos palmas de las manos a la altura del pecho de la persona. Los dedos deben estar rectos, la distancia entre la nariz y las manos debe ser del tamaño de un puño y los codos deben mantenerse alejados del cuerpo. Esta posición de las manos representa la dualidad y su unidad. El gassho suele ir acompañado de una reverencia que incluye simplemente doblar la cintura y mantener la espalda erguida. Un gassho rei es un gesto realizado a través de una reverencia.

Gassho Kokyo-Ho

Gassho Kokyo-ho, también conocido como Seishin Toitsu, significa "técnica de respiración gassho". Esta técnica se realiza normalmente en una seiza o forma de sentarse japonesa correcta y tradicional. Sin embargo, si esto le resulta demasiado incómodo, puede cruzar las piernas y mantener la espalda recta o sentarse en una silla. Cierre los ojos y lleve su atención a su Seika Tanden, o la zona entre el hueso púbico y el ombligo, donde se encuentra su centro de equilibrio. Manténgase concentrado en su respiración, pero no intente controlarla. Esta posición requiere que lleve sus manos a un Gassho, desplazando su conciencia a los dos dedos centrales que se tocan. Sentirá que el Reiki es atraído a través de sus manos, hacia su Seika Tanden mientras inhala, y lo contrario (la energía es extraída de su Seika Tanden y a través de sus manos) mientras exhala.

Bolas de energía o Bola Chi

Puede transferir sintonizaciones de Reiki lejanas a través de una Bola de Chi de Reiki. Se hace reuniendo la sintonización o la energía curativa en una bola, la bola de Chi, y liberándola en el espacio abierto o en el universo. Cuando esté listo, el receptor puede invocar su bola de chi.

Puede hacer una bola de Chi Reiki utilizando solo sus manos. Mantenga las palmas de las manos enfrentadas, separadas unos centímetros. Al hacerlo, puede transmitir la energía Reiki o dibujar símbolos para sintonizaciones en la bola de Chi. Es esencial estar seguro de si está haciendo una curación o una sintonización. Sienta cómo se forma la energía en el espacio entre sus palmas. Una vez que genere una bola de Chi, libérela al universo abriendo las manos hacia fuera. Asegúrese de imitar un empujón con la mano para significar la liberación y afirme sus intenciones mientras realiza el movimiento. Puede decir algo tan sencillo como: "entregue esta energía curativa Reiki a... cuando desee recibirla". Incluso puede enviar una a su yo futuro. Simplemente invóquela cuando crea que la necesita.

Reiji Ho

El Reiji Ho es la fusión o "hacerse uno" con una energía determinada. Consiste en permitir que esta energía guíe sus ojos, sus manos o incluso su respiración hacia las zonas que necesita sanar. Puede hacer crecer sus habilidades y su intuición practicando el Reiji Ho con regularidad. Unificarse con la energía Reiki le ayuda a conectar con el otro ser (animal o persona), incluso antes de conocerlo, identificando el problema o el motivo por el que se necesita su ayuda.

Para practicar el Reiji Ho, debe poner las manos en un Gassho y mantener los ojos cerrados. Practique la respiración profunda e invoque a sus guías espirituales, ángeles, arcángeles o Maestro Ascendido. Visualice su conexión con la energía Reiki mientras esta viaja a través de su chakra de la corona. Mueva las manos hacia su chakra del tercer ojo y pida que le guíen hacia donde la energía sea necesaria. Permita que la energía fluya mientras mueve lentamente sus manos hacia abajo y la guía sin fuerza. Siga imaginando su conexión con la energía Reiki y deje que sus manos viajen a donde quieran, aunque sea lejos de su cuerpo. Permanezca atento a cualquier mensaje que pueda recibir a través de alguno de sus sentidos. Desconéctese de la energía Reiki una vez que se haya extinguido y no olvide agradecer a sus guías.

Byosen Reikan-Ho

El Byosen Reikan-ho es un método que le permite sentir las "impresiones sagradas" de una dolencia o enfermedad. Esta enfermedad puede ser la ira, el estrés, un miembro roto, el cáncer, la ignorancia, los apegos, etc. En japonés, las impresiones sagradas se conocen como *Hibiki*, que se traduce como eco. Este eco suele ser una intuición que se siente en el cuerpo, se ve, se oye o se experimenta a través de los demás sentidos.

Para practicar este método, coloque su mano sobre la persona a la que está curando y déjese guiar por la energía. Permita que sus manos se muevan. No tiene que preocuparse por las sensaciones físicas como el calor y el frío. En su lugar, sienta las sensaciones y permita que su intuición le guíe.

Las posiciones originales de las manos de Usui

El Reiki Usui suele utilizar el Reiji para tratar la zona indicada de inmediato o una combinación de cinco (originales) posiciones de las manos, seguidas del Reiji Ho, para tratar la dolencia. La curación con las manos, conocida como Usui Teate, es una parte integral del Reiki. Estas cinco posiciones se derivan de la medicina tradicional china. Significa que el cuerpo es considerado como la cabeza y el torso. Dado que todos los meridianos principales pasan por la cabeza, se cree que al sanar la cabeza se sanan todas las demás zonas de la mente y el cuerpo.

Pida a la persona que está tratando que se siente y mantenga cada una de las siguientes posiciones durante cinco o seis minutos:

- **Zento-Bu**

Esta posición se encuentra en la línea del cabello. Puede acompañar esta posición con el Nentatsu-ho, que consiste en enviar un deseo o pensamiento a su ser superior o a otra persona. Todo lo que tiene que hacer es colocar las manos sobre su cabeza (o la de otra persona) y enviar el mensaje con intenciones puras y claridad.

- **Sokuto-Bu**

Las manos deben estar a los lados de la cabeza, lo que se considera la posición estándar de las manos.

- **Koutou-Bu**

Las manos deben colocarse hacia arriba entre la parte superior de la cabeza y la base del cráneo.

- **Enzui-Bu**

Coloque ambas manos en el bulbo de la cabeza.

- **Toucho-Bu**

    Coloque ambas manos en la parte superior de la cabeza.
    Seguido por Reiji Ho o Byosen Reikan-Ho.

Jakikiri Joka-Ho

Es el acto de limpieza de las energías indeseables y debe realizarse solo en los objetos no vivos.

Cho Ku Rei

Un símbolo de poder.

Sei He Ki

El símbolo mental/emocional.

Hon Sha Ze Sho Nen

Un símbolo que centra la curación a distancia.

Kotadamas

Los kotodamas son mantras, frases, invocaciones y sonidos vocales.

Hatsurei-Ho

El hatsurei-ho es una meditación de limpieza que puede realizar sentándose recto o poniéndose en seiza. Cierre los ojos y llévese a un estado de concentración total. Desconéctese de todas las energías, pensamientos y sentimientos. Relájese y respire profundamente por la nariz y exhale por la boca. Continúe con:

- Kihon Shisei
- Mokunen- enfoque
- Kenyoku-ho- técnica del baño en seco
- Joshin Kokyu-ho
- Gassho
- Seishin Toitsu
- Gokai Sansho- cinco fundamentos del día

Seiheki Chiryo-Ho

El Seiheki Chiryo-ho es un hábito natural de curación. Coloque una mano en la frente y mantenga la otra en la base del cráneo. Dibuje los símbolos de Reiki en la parte posterior de la cabeza y repita las afirmaciones seleccionadas.

Uchite Chiryo-Ho

Uchite Chiryo-ho es un método de curación de Reiki que consiste en dar palmaditas en la zona adormecida. La técnica abre los chakras fomentando y estimulando el flujo de energía, liberando bloqueos e inhibiciones.

Nadete Chiryo-Ho

El Nadete Chiryo-ho es un método de curación de Reiki que consiste en acariciar el cuerpo de arriba a abajo. Esta técnica favorece el flujo de energía.

Oshite Chiryo-Ho

Oshite Chiryo-ho es una técnica de curación de Reiki que consiste en presionar suavemente con los dedos. La técnica afloja problemas como la rigidez o los músculos tensos.

Tanden Chiryo-Ho

El Tanden Chiryo-ho es una técnica de desintoxicación. Esta técnica elimina las toxinas emocionales, psicológicas y espirituales.

Gyoshi-Ho

Gyoshi-ho se refiere a la curación con la mirada. Esta técnica se utiliza cuando la persona no puede ser tocada, por ejemplo, las víctimas de quemaduras.

Koki-Ho

Koki-Ho se refiere a la curación con el aliento. Esta técnica se utiliza cuando la persona no puede ser tocada, por ejemplo, las víctimas de quemaduras.

Ketsueki Kokan-Ho

El Ketsueki Kokan-ho es una técnica de purificación de la sangre. Estimula los meridianos y con ello la formación de células sanguíneas.

Hanshin Koketsu-Ho

El Hanshin Koketsu-ho es una técnica de purificación de la sangre de medio cuerpo. Esta técnica no requiere tocar el cuerpo.

Zenshin Koketsu-Ho

El Zenshin Koketsu-ho es una purificación de la sangre de todo el cuerpo. Esta técnica no requiere tocar el cuerpo.

Enkaku Chiryo-Ho

Enkaku Chiryo-ho se refiere a la curación a distancia. Esta técnica se basa en la energía mental de la persona. Consiste en enviar energía sin tocar o estar en presencia de la persona.

Capítulo extra - Consejos para manifestar y crear un negocio de Reiki exitoso

Si ha invertido el tiempo y el dinero necesarios para convertirse en un sanador de Reiki capacitado, es posible que decida que quiere iniciar su propio negocio. ¿Por qué no? Está claro que es algo que le apasiona y tiene ganas de ayudar a los demás, pero ¿sabe por dónde empezar?

Estos consejos están diseñados para ayudarle a desarrollar su fuerza interior y exterior:

Establezca una intención fuerte y clara

Su estado interior crea su realidad y es la base de una práctica sólida. Necesita una intención fuerte y clara totalmente centrada en sus objetivos para alcanzarlos. Defina un objetivo empresarial claro, evalúe su actitud y sus creencias internas e identifique los recursos personales.

Tenga confianza en la energía del Reiki

Una definición de Reiki es "energía de fuerza vital guiada espiritualmente". Los practicantes de Reiki trabajan con un suministro interminable de energía curativa, que el Amor y la Sabiduría Divinos más elevados se encargan de guiar. Por ello, dígase continuamente que confíe en la Divinidad y tenga confianza en que le ayudará.

Utilice una rejilla de cristal para manifestar sus objetivos

Estos utilizan ocho cristales, totalmente cargados de energía Reiki, para enviar Reiki continuamente a un objetivo escrito:

- Utilice su guía interior para elegir ocho cristales -de terminación simple- para la rejilla exterior y uno para ir en el centro, que puede ser de terminación simple o doble, una bola de cristal, un cúmulo o una pirámide.

- Disponga los cristales exteriores en un hexagrama, de 20 a 30 centímetros de ancho, asegurándose de que las puntas estén orientadas hacia el centro y que el último esté en el centro.

- Escriba su meta tres veces en una tarjeta y hágala específica. Añada sus símbolos de Reiki a la tarjeta.

- Sostenga la tarjeta con ambas manos y envíele Reiki. Tenga la intención de que el Reiki manifieste y potencie esa meta. Dibuje los símbolos sobre la tarjeta en el aire.

- Ponga la tarjeta debajo del cristal del medio y dibuje el símbolo de la Distancia sobre la rejilla y luego cualquier símbolo que se sienta guiado a usar.

- Mientras se envía el Reiki, repita su afirmación. Visualice que su objetivo ya ha ocurrido.

Realice autotratamientos a diario

Hacerlo proporciona fuerza a su campo energético y ayuda a desarrollar una conexión más fuerte entre usted y la guía divina. Esto ayudará a atraer los recursos y las personas necesarias para lograr su objetivo.

Entrene su mente

Cualquier cosa que manifieste es el resultado de las emociones y los pensamientos generados en su mente. Debe tener clara la calidad de los sentimientos y pensamientos que rodean a sus objetivos.

Utilice sus símbolos

El Cho Ku Rei puede utilizarse para potenciar sus afirmaciones. Si lo dice en voz alta, dibuje el símbolo en el aire o en un papel.

El Sei He Ki puede ayudarle a resolver el conflicto interior. Escriba o dibuje la situación conflictiva y comience el flujo de Reiki. Dibuje el símbolo y sepárese del conflicto. Deje que la energía Reiki fluya libremente y tenga la intención de que sane las cosas. Vuelva a dibujar el símbolo y utilice Cho Ku Rei para reforzarlo mientras envía la energía.

El Hon Ze Sha Nen puede ayudar a enviar el Reiki a la causa raíz. Escriba una creencia o asunto limitante que desee sanar y dibuje el símbolo. Sostenga la tarjeta con ambas manos y tenga la intención de que el Reiki vaya a la causa raíz. Deje que fluya durante el tiempo necesario.

Además de estos consejos, también necesita algunas herramientas comerciales básicas. Necesita llevar registros, conocer las leyes de confidencialidad y mantener segura la información personal de los clientes. También necesita determinar dónde estará su sala de Reiki y comprar un seguro de responsabilidad civil.

Conclusión

Este libro está dedicado a introducirle en el mundo del Reiki tradicional basado en las enseñanzas de Mikao Usui. Hemos dividido el libro en tres partes para cubrir los fundamentos del Reiki y los niveles 1 y 2. En la primera parte, le presentamos el concepto principal del Reiki y la curación energética. Dimos una breve historia de Mikao Usui y cómo descubrió el Reiki.

En el segundo capítulo mencionamos cómo se enseña y practica el Reiki tradicional en todo el mundo. Este capítulo tenía como objetivo aclarar cualquier idea errónea sobre la práctica del Reiki. Es importante señalar que este libro sirve de guía para el Reiki, pero no sustituye a un Maestro de Reiki.

En el tercer capítulo, esbozamos una comparación entre el Reiki tradicional y el no tradicional. Mencionamos los métodos utilizados por Usui y los no tradicionales, como el Reiki Karuna y el Reiki Tibetano. Las técnicas originales de Gakkai se convirtieron en una práctica común a finales de los años 90.

El cuarto capítulo profundizó en la filosofía del Reiki y su concepto de equilibrio de la energía vital. Muchas culturas adoptaron conceptos similares, que se explicaron en el capítulo. Se describió cómo un practicante de Reiki utiliza la energía vital del cuerpo para promover la curación, lo que ocurre en una sesión típica y los diversos beneficios de la curación con Reiki. El quinto capítulo trató sobre el kit de Reiki fundamental que necesita para empezar. Explicamos cómo un Maestro de Reiki profesional utiliza un kit de herramientas y cómo puede usted reunir uno.

El sexto capítulo introdujo la segunda parte del libro. Esta parte estaba dedicada al contenido del curso de Reiki Nivel 1 según el programa de estudios de la Gakkai. Mencionamos los cinco principios del Reiki y cómo ponerlos en práctica en su rutina diaria. En el séptimo capítulo, enumeramos algunas técnicas meditativas básicas para utilizar en combinación con los principios básicos del Reiki. También incluimos cómo practicar la detección de energía con las manos creando una bola de chi. En el capítulo 8 se trató en detalle esta práctica básica que le enseña a activar el Reiki y a utilizarlo para la autosanación.

El noveno capítulo explica cómo practicar la curación con Reiki en otras personas. Incluimos información sobre la anatomía del cuerpo humano para que se familiarice con las posiciones de todos los órganos. Incluimos los protocolos estándar que debe seguir antes de una sesión. Puede utilizar esta información para practicar las lecciones que ha aprendido en este libro sobre su familia y amigos, pero no de forma profesional. El décimo capítulo resume los capítulos anteriores y le prepara para la tercera parte del libro.

En la tercera parte se habla de los símbolos y las técnicas del nivel 2 de Reiki en versión tradicional y no tradicional. El capítulo 11 le enseña los símbolos más importantes y cómo pronunciarlos y utilizarlos. El capítulo 12 ofrecía instrucciones detalladas sobre las técnicas del nivel 2 de Gakkai. El capítulo 13 estaba dedicado a la curación a distancia, y el capítulo 14 hablaba de los siete chakras, los péndulos y los cristales y cómo se utilizan en el Reiki. El capítulo final resumía la tercera parte e incluía una evaluación para poner a prueba sus conocimientos sobre el Reiki. Le recomendamos que utilice este libro como guía para aprender los niveles 1 y 2 de Reiki y prepararse para el nivel 3.

Vea más libros escritos por Silvia Hill

Referencias

Gleisner, E. (2002). Reiki. En Principios y práctica de la terapéutica manual (pp. 175-183). Elsevier.

IARP. (2019, 19 de diciembre). Honrando a la Sra. Hawayo Takata. IARP. https://iarp.org/honoring-mrs-hawayo-takata-

Bonnard, P., y ACC. (2018, 14 de marzo). Cómo encontrar el Maestro de Reiki o el Practicante de Reiki adecuado para usted. Starchaser-Healing Arts. https://www.starchaser-healingarts.com/finding-the-right-reiki-master-or-reiki-practitioner-for-you

¿Puedo aprender Reiki por mí mismo? (s.f.). Tomar las riendas de su salud y bienestar. Extraído de https://www.takingcharge.csh.umn.edu/can-i-learn-reiki-myself

Celine. (2017, 10 de mayo). Los 7 principales mitos del Reiki - ¡descartados! (parte 1/2). My Dawning Light.
https://www.mydawninglight.com/top-7-reiki-myths

Heskins, V. A. P. por. (2021, 19 de octubre). Comprendiendo el linaje del Reiki japonés. Rainforest Reiki.
https://rainforest-reiki.com/2021/10/19/understanding-japanese-reiki-lineage

Sintonización de Reiki - el proceso y el propósito. (2018, 8 de enero). Centre of Excellence.
https://www.centreofexcellence.com/reiki-attunement-process-purpose

Los tres grados de reiki. (s.f.). Reiki-Light.Uk. Extraído de https://reiki-light.uk/the-three-degrees-of-reiki

Escenario de todas las cosas. (2020, 12 de enero). Qué es el Reiki Angelical. Terapia vibracional. Healthy Life Essex. Healthy Life Essex. https://healthylifeessex.co.uk/articles/wellbeing/complementary-and-alternative-therapies/angelic-reiki

Dimancea, V. (2019, 28 de noviembre). Qué es el Reiki Karuna: beneficios, símbolos y en qué se diferencia del Usui. ReikiScoop. https://reikiscoop.com/what-is-karuna-reiki-benefits-symbols-and-how-it-differs-from-usui

Heskins, V. A. P. por. (2021, 4 de noviembre). Reiki tradicional japonés vs. Reiki occidental: las diferencias desveladas y explicadas. Rainforest Reiki. https://rainforest-reiki.com/2021/11/04/traditional-japanese-reiki-vs-western-reiki-unpacked-and-explained

Cómo hacer la meditación gassho. (2017, 13 de junio). La Guía de Reiki. https://thereikiguide.com/gassho-meditation

Rivard, R. R. (s.f.). Técnicas conocidas de Usui Reiki Ryoho Gakkai. Umbral.Ca. Extraído de https://www.threshold.ca/reiki/URR_techniques.html

La diferencia entre el reiki Usui-Tibetano y el reiki Usui holy fire® III. (s.f.). Reikiwanderlust.Com. Extraído de https://reikiwanderlust.com/he-difference-between-usui-tibetan-reiki-and-usui-holy-fire-iii-reiki

La evolución del reiki. (s.f.). Reikiwanderlust.Com. Extraído de https://reikiwanderlust.com/the-evolution-of-reiki

Usui Reiki Ryoho Gakkai. (s.f.). Aetw.Org. Extraído de https://www.aetw.org/reiki_gakkai.html

Usui reiki ryoho gakkai. (s.f.). Casa Internacional de Reiki. Extraído de https://ihreiki.com/blog/tag/usuireikiryohogakkai/?v=c86ee0d9d7ed

Usui Reiki Ryoho Gakkai. (s.f.). Reikipathway.Com. Extraído de http://www.reikipathway.com/id19.html

Usui Shiki Ryoho. (s.f.). Reikiassociation.Net. Extraído de https://www.reikiassociation.net/usui-shiki-ryoho.php

¿Qué es el seichim? (2011, 13 de octubre). La curación energética de Razure. https://razure-energyhealing.com/seichim-healing/what-is-seichim

Anderson, E. Z., y Wolk-Weiss, C. (2008). Reiki. En Terapias complementarias para la fisioterapia (pp. 239-248). Elsevier.

TNN. (2019, 15 de agosto). 5 cosas que todo el mundo debe saber sobre la curación energética. The Times of India Times Of India. https://timesofindia.indiatimes.com/life-style/health-fitness/home-remedies/5-things-everyone-needs-to-know-about-energy-healing/articleshow/70675814.cms

Bonnard Expert, P., y Salud y Bienestar 08/13/. (2021, 13 de agosto). Herramientas de curación energética para añadir a su caja de herramientas de reiki para uso diario. Extraído de la página web de YourTango: https://www.yourtango.com/experts/starchaser-coaching/reiki-energy-healing-tools-use-daily-your-practice

Daisy, P. L. (s.f.). Ayudas y herramientas didácticas para los practicantes de Reiki. Extraído de la página web de Learn Religions: https://www.learnreligions.com/reiki-tools-and-supplies-1731725

Bonnard, P., y ACC. (2021, 3 de agosto). La caja de herramientas de Reiki: Herramientas de curación energética para utilizar a diario en su consulta. Extraído de la página web de Starchaser-Healing Arts: https://www.starchaser-healingarts.com/the-reiki-toolkit-energy-healing-tools-to-use-daily-in-your-practice

Weingus, L. (2018, 8 de mayo). Todo lo que necesita saber sobre los símbolos del reiki y sus significados. Extraído de la página web de mindbodygreen: https://www.mindbodygreen.com/articles/reiki-symbols-meanings

Finley, J. K. (s.f.). 12 artículos que un sanador energético dice que deben estar en su dormitorio. Extraído de la página web de MyDomaine: https://www.mydomaine.com/reiki-home-accessories

https://www.emedihealth.com/wellness/plants-for-positive-energy

IARP. (2014, 15 de octubre). Una nueva mirada a los cinco principios del Reiki. IARP. https://iarp.org/new-look-five-reiki-principles

Núñez, K. (2020, 24 de agosto). Los principios del reiki y cómo utilizarlos para aumentar el bienestar. Healthline. https://www.healthline.com/health/reiki-principles

Practicando el reiki - deje ir la ira. (2015, 29 de septiembre). RFYL |. https://www.reikiforyourlife.com/practicing-reiki-let-go-of-anger

El reiki y la gratitud. (2014, 19 de noviembre). Reiki Lifestyle. https://reikilifestyle.com/reiki-and-gratitude

Restaurar naturalmente. (2015, 17 de diciembre). Solo por hoy sea agradecido. Restore Naturally. https://restorenaturally.com.au/just-for-today-be-grateful

Stringham, S. R. S. (2020, 16 de enero). Principio de Reiki 5: Solo por hoy, seré amable con mi prójimo y con todo ser viviente. Wych Elm Reiki and Intuitive Services | Reiki and Intuitive Counseling. https://srsstringham.com/reiki-principle-5-just-for-today-i-will-be-kind-to-my-neighbor-and-to-every-living-thing

Yilmaz, Z. P. (2012, 1 de octubre). Sea honesto en su trabajo. Casa Internacional de Reiki. https://ihreiki.com/blog/be_honest_in_your_work/?v=fbe46383db39

Young, A. (2021, 16 de septiembre). Los 5 principios del reiki y cómo utilizarlos para una vida más feliz. Subconscious Servant. https://subconsciousservant.com/the-reiki-principles

Cómo concentrar el chi en su puño. (2013, 28 de mayo). LEAFtv. https://www.leaf.tv/9860344/how-to-focus-chi-into-your-fist

Cómo recargar su energía espiritual usando sus manos. (2017, 25 de septiembre). Forever Conscious. https://forcverconscious.com/recharge-spiritual-energy-using-hands

IARP. (2014, 15 de octubre). Una nueva mirada a los cinco principios del Reiki. IARP. https://iarp.org/new-look-five-reiki-principles

Jacob. (2006, 17 de enero). Sienta la energía entre sus manos. Mind-Energy. https://www.mind-energy.net/archives/41-feel-energy-between-your-hands.html

Phillips, F. (2020, 24 de noviembre). Cómo crear un escudo energético personal para protegerse. The Good Space. https://www.findyourgoodspace.com/blog/how-to-create-personal-energy-shield-for-protection

Reiki. (s.f.). Ejercicio de la bola de energía de Reiki. Reiki-Classes-Level-123.Com. Extraído de https://www.reiki-classes-level-123.com/2016/04/reiki-energy-ball-exercise.html

La conexión a tierra del Reiki. (s.f.). Iloveindia.Com. Extraído de http://www.iloveindia.com/reiki/reiki-practice/reiki-grounding.html

White, P. (2019, 24 de junio). La guía definitiva de la meditación reiki. Academia Onnit. https://www.onnit.com/academy/is-reiki-real

https://www.reiki.org/articles/reiki-new-moon-meditation

Núñez, K. (2020, 24 de agosto). Los principios del reiki y cómo utilizarlos para aumentar el bienestar. Healthline. https://www.healthline.com/health/reiki-principles

Autotratamiento de Reiki. (s.f.). Clínica Cleveland. Extraído de https://my.clevelandclinic.org/health/treatments/21080-reiki-self-treatment

Deacon, J. (s.f.). Las posiciones originales de las manos de Usui. Aetw.Org. Extraído de https://www.aetw.org/d_treatment_usui.htm

Link, M. (2018, 17 de enero). Cómo encontrar a su maestro de reiki: Diez preguntas para ayudar a encontrar el maestro y la formación adecuados. Sivana East. https://blog.sivanaspirit.com/sp-gn-reiki-master-teacher

¿Cómo puedo encontrar un practicante de Reiki cualificado? (s.f.). Cómo hacerse cargo de su salud y bienestar. Extraído de https://www.takingcharge.csh.umn.edu/explore-healing-practices/reiki/how-can-i-find-qualified-reiki-practitioner

Gaia, L. (2001, 22 de diciembre). Reiki y meditación. Reiki. https://www.reiki.org/articles/reiki-and-meditation

Reiki. (s.f.). Cómo activar los símbolos de Reiki. Reiki-Classes-Level-123.Com. Extraído de https://www.reiki-classes-level-123.com/2013/09/how-to-activate-reiki-symbols.html

Símbolos de Reiki: qué son y cómo se utilizan. (2019, 24 de enero). Karen Harrison. https://www.karenharrison.net/reiki-symbols-what-they-are-how-they-are-used

Urdinlaiz, D. (2021, 12 de noviembre). Los símbolos del Reiki y sus poderosos significados. Thought Catalog. https://thoughtcatalog.com/daniella-urdinlaiz/2021/11/reiki-symbols

Estrada, J. (2020, 6 de marzo). 5 principios de reiki que puede utilizar para crear más facilidad y fluidez en su vida. Well+Good. https://www.wellandgood.com/reiki-principles

Hatsurei Ho - técnica de meditación de reiki. (2013, 19 de febrero). Reiki Rays. https://reikirays.com/1279/hatsurei-ho-reiki-meditation

Técnicas de curación a distancia. (2014, 5 de mayo). Escuela Internacional de Reiki. https://isoreiki.com/reiki-manuals/reiki-level-two-manual/module-four/distant-healing-techniques

King, T. (2013, 9 de diciembre). Simplicidad y sándwiches de reiki. Evolución del reiki | Aprenda el reiki japonés original para la paz y la calma interior. https://www.reiki-evolution.co.uk/reiki-simplicity-and-sandwiches

Nina. (2020, 26 de agosto). Símbolo de curación a distancia Hon Sha Ze Sho Nen. Symbol Sage. https://symbolsage.com/hon-sha-ze-sho-nen-reiki-explained

Reiki - el tacto curativo. (s.f.). Reiki-Healing-Touch.Com. Extraído de https://www.reiki-healing-touch.com/&japanese_techniques?key=japanese_techniques

El envío de energía curativa a través del espacio y el tiempo: La práctica del Reiki a distancia. (s.f.). Kripalu. Extraído de https://kripalu.org/resources/sending-healing-energy-across-space-and-time-practice-long-distance-reiki

Stokes, V. (2021, 9 de junio). Limpie, aclare y energice con el poder curativo del cristal de selenita. Healthline. https://www.healthline.com/health/mind-body/selenite-properties

IsabelleTigerlilly.com. (s.f.). Extraído de Isabelletigerlilly.com sitio web: https://www.isabelletigerlilly.com/blog/7-easy-ways-to-balance-your-third-eye-chakra

Sanación con Reiki (niveles 1, 2 y 3). (2020, 16 de octubre). Moiz Hussain | Explorando la excelencia humana. https://moizhussain.com/courses/reiki-healing-level-1-2-and-3

Reiki nivel II. (2018, 20 de septiembre). Sanación integrativa y bienestar. https://integrativehealingandwellness.com/services/reiki-level-ii

El nuevo concurso de reiki. (s.f.). Gotoquiz.Com. Extraído de https://www.gotoquiz.com/the_new_reiki_quiz

Weingus, L. (2018, 8 de mayo). Todo lo que necesita saber sobre los símbolos del reiki y sus significados. Mindbodygreen. https://www.mindbodygreen.com/articles/reiki-symbols-meanings

Dimancea, V. (2019, 28 de noviembre). Qué es el Reiki Karuna - beneficios, símbolos y en qué se diferencia del Usui. Extraído de la página web de ReikiScoop: https://reikiscoop.com/what-is-karuna-reiki-benefits-symbols-and-how-it-differs-from-usui

Flinn, A. (2021, 19 de julio). Su guía sobre las auras: Qué son y qué esperar durante una lectura. Extraído de la página web de mindbodygreen: https://www.mindbodygreen.com/0-25407/what-is-an-aura-and-how-can-you-see-yours.html

www.ingramcontent.com/pod-product-compliance
Lightning Source LLC
Chambersburg PA
CBHW070328010526
44107CB00004B/458